ABANDON

DE L'AME A DIEU

CONSOLATIONS DES AMES DÉSOLÉES

ET QUI SONT DANS LES ARIDITÉS

ET LES ABANDONNEMENTS

MÊME LIBRAIRIE

Méditations en forme de retraite sur l'amour de Dieu, avec un petit écrit sur **le Don de soi-même à Dieu,** par le P. Grou. Nouvelle édition. 1 vol. in-18.............................. 70 c.

Au revoir! ou la Famille au ciel; consolations pour tous, par l'abbé Pioger, du clergé de Paris. 1 vol. in 8.............................. 65 c.

Au Ciel un ange de plus, fragments et lettres de consolation tirés de saint François de Sales, de Fénelon, du R. P. de Ravignan et du P. Lacordaire, avec la messe pour les funérailles des enfants. 2e édition, revue et augmentée. 1 vol. in-18.............................. 70 c.

Larmes (les) des Saints dans la perte de leurs proches; lettres de consolation du R. P. Antoine Angelini, de la Compagnie de Jésus, professeur d'éloquence au sacré Collége romain; traduit de l'italien. 3e édition, par l'abbé Postel. 1 vol. in-18.............................. 80 c.

Larmes (les) de Rachel, espérances et consolations aux mères affligées, par le R. P. Gay. 1 vol. in-12.............................. 2 fr.

Espérance à ceux qui pleurent, par le R. P. Marchal. 8e édition. 1 vol. in-18...... 2 fr.

Amour (de l') de Jésus-Christ et des moyens de l'acquérir, par le P. Nepveu, de la Compagnie de Jésus. 1 vol. in-32. Nouvelle édition... 40 c.

Importance et nécessité de la prière, par saint Alphonse de Liguori. Nouvelle édition in-18. 50 c.

Corbeil, typ. et stér. de Crété.

ABANDON

DE L'AME A DIEU

CONSOLATIONS DES AMES DÉSOLÉES

ET QUI SONT DANS LES ARIDITÉS

ET LES ABANDONNEMENTS

par

LE R. P. ÉTIENNE BINET

de la Compagnie de Jésus.

NOUVELLE ÉDITION, REVUE AVEC SOIN

A. M. D. G.

LIBRAIRIE CATHOLIQUE DE PERISSE FRÈRES

(NOUVELLE MAISON)

RÉGIS RUFFET ET Cie**, SUCCESSEURS**

PARIS   BRUXELLES

38, RUE SAINT-SULPICE.   PLACE Ste-GUDULE, 4.

1865

roire que ceci ne s'entend pas autrement que par la pratique. Ce livre s'étudie par les mains, et non point par les yeux : en le faisant, on l'entend ; en l'entendant, on le fait et on y trouve ainsi un secours aussi puissant qu'on en puisse désirer en ce monde. Je me promets de votre bonté accoutumée que vous daignerez vous souvenir de moi dans vos saintes prières, et me croire de toute l'étendue de mon âme,

Madame,

D. V. G.,

Le très-humble serviteur,

E. B.

AVIS NÉCESSAIRE AU LECTEUR.

Il faut nécessairement présupposer que ce discours n'est pas fait pour les méchants, ni pour les libertins et les pécheurs, qui par pure malice s'abandonnent au mal. Au contraire, je les prie bien instamment de ne pas lire ce livre, car il serait possible qu'il fût leur ruine évidente, d'autant que, malheureux qu'ils sont, plus ils voient la bonté de Dieu et sa facilité à faire miséricorde, plus ils se plongent dans l'horreur du péché. Ceux-ci ont besoin du tonnerre des justices de Dieu et de la rigueur de son équitable mais terrible sévérité. Ceux qui ont l'âme bonne, la conscience délicate et craintive, qui penchent du côté de la pusillanimité, qui font ce qu'ils peuvent.

et craignent toujours d'avoir manqué à
leur devoir, c'est de vrai pour eux que ce
livret est façonné. D'une même fleur l'a-
beille tire le miel, et l'araignée le venin;
mais c'est par la malignité de sa mauvaise nature. De tous les méchants il n'y
en a point de plus noirs que ceux qui abusent de l'infinie bonté de Dieu, en disant
que Dieu est miséricordieux, et qui se
servent de cette miséricorde même pour
s'adonner à tous les crimes. Or je ne pré-
tends point leur parler en cet écrit, mais
aux âmes tendres, saintes, timorées, et
qui, faisant beaucoup de bien, ne sont jamais satisfaites. Je désire relever leur
cœur, leur donner du courage pour con-
tinuer le bien, et le changer en mieux.
Pour leur ouvrir le cœur, je leur ouvre le
grand cœur de Dieu et toutes les entrailles de ses infinies miséricordes. Il n'y a
rien de si craintif que ceux qui n'ont nul

sujet de craindre, et au contraire nul n'est aussi hardi et aussi assuré que celui qui devrait toujours trembler. C'est pourquoi il faut intimider ceux-ci et rassurer ceux-là pour sauver les uns et les autres. Dieu, qui est le Dieu et le maître des cœurs, vous donne, mon cher lecteur, un cœur selon son cœur, et une grande lumière pour connaître ses saintes volontés, et aussi une grande force pour les accomplir très-parfaitement.

LETTRE

DE MADAME LA COMTESSE DE SAINT-PAUL

Au R. P. Binet.

Mon Révérend Père,

Vous prenez la peine de m'écrire des délaissements, cependant que votre charité ne
me délaisse pas, et le bon Jésus ne vous lais-
sera pas sans récompense. Je l'en supplie, et
loue sa bonté de ce qu'il lui a plu vous inspirer d'écrire ces adorables et ineffables délaissements; car c'est un point qui me touche
fort au cœur, et me donne tout ensemble de
la confusion de ne les pouvoir souffrir en
moi, et de la consolation de les considérer en
lui qui les a soufferts pour un temps, afin de
nous donner la force et le courage de nous
abandonner à lui, et de nous délivrer des

délaissements éternels de ses miséricordes que nous avions encourus. Écrivez-en donc, à la bonne heure, mon cher Père : veuille sa bonté que ce soit si efficacement que mon cœur soit tendre comme la cire pour en recevoir la divine impression, et solide comme le diamant pour la retenir. J'ai déjà de l'impatience de voir ce beau discours, et de vous témoigner que je suis, en Notre-Seigneur, mais de cœur,

M. R. P.,

Votre très-humble et très-affectionnée fille,

Anne de CAUMONT.

A Paris, ce saint jour de saint Benoit.

CONSOLATIONS

DES

AMES DÉSOLÉES

ET QUI SONT DANS LES ARIDITÉS

ET LES ABANDONNEMENTS.

CHAPITRE PREMIER

Des petits abandonnements de Jésus-Christ, et en quoi ils consistent.

MADAME,

Puisqu'il vous plaît de me le comman-
der, et que l'amour de Jésus-Christ vous
porte à vouloir connaître ce que c'est que
les saints abandonnements, les profondes
dérélictions (on les nomme ainsi), et les
extrêmes angoisses du Seigneur Jésus et
des bonnes âmes, je vous en dirai tout sim-

plement le peu que j'en ai pu comprendre. Votre grande bonté agréera la simplicité de mon obéissance, et suppléera aux défauts de mon pauvre esprit.

En premier lieu, il faut bien dire qu'elles sont bien sensibles ces peines intérieures, puisque ce bon Seigneur, qui ne sait point se plaindre et qui souffrait si volontiers, ne put néanmoins s'empêcher d'en gémir par deux fois et bien solennellement. La première fois, ce fut au jardin des Olives qu'il se plaignit à ses apôtres, et de ses apôtres mêmes; la seconde fois, ce fut à la croix, au Père éternel, et du Père éternel, comme vous le verrez bientôt plus au long.

En second lieu, il faut établir qu'il y a trois sortes d'abandonnements, à savoir : l'extérieur, l'intérieur et tous les deux ensemble. En outre, il y a en Jésus-Christ deux sortes de dérélictions : les unes sont

petites, au moins par proportion et en apparence, quoiqu'en effet elles soient très-
sensibles ; les autres sont si grandes, que
lui-même en a formé quelque plainte, tant
son cœur était serré et oppressé ; et croyez
qu'à un tel cœur il fallait des étreintes
extrêmes pour en épancher une plainte si
tendre !

Ajoutons encore que de tous les maux
du monde, il n'en est point de plus grand,
si je ne me trompe, et non-seulement en
cette vie, mais même en enfer, que d'être
abandonné de Dieu et privé de son assistance, de sa grâce et de sa vision. Or, quoique l'on ne parlepas ici d'être abandonné
de la grâce de Dieu, mais seulement d'un
certain secours et d'une aide présente qui
fortifie sensiblement nos cœurs, cependant
il est réel qu'il n'y a martyre sur terre que
les saints appréhendent autant que celui-
là. Mon Dieu, ne m'abandonnez pas, disait

David, quand ma force m'aura abandonné, et que mon cœur tombera en défaillance !

Saint Paul, tout saint Paul qu'il était, c'est-à-dire plus fort que le mal, que la mort, que l'enfer, se plaignait néanmoins de cette douleur à son disciple Timothée : La première fois que j'ai défendu ma cause, dit-il, personne ne m'a secouru, et tous m'ont abandonné. Je souhaite que cela ne leur soit point imputé.

Je crois que le plus sublime point de la perfection en cette vie, le plus difficile, le plus méritoire, c'est celui de savoir dignement souffrir cet abandonnement, et de s'y comporter comme il faut. Au reste, je vous avertis d'avance de l'élévation de ce sujet qui surpasse le vol de ma plume, et je vous demande pardon d'entreprendre un ouvrage si grandement au-dessus de mes forces.

L'expérience journalière nous démontre

évidemment que, quel que soit le mal qu'on souffre, tandis qu'on peut ou prier Dieu, ou agir intérieurement, ou s'occuper à quelque bonne chose, certes on y échappe toujours aisément, et véritablement tout est supportable; mais quand on est dans l'état d'abandonnement et en pure souffrance du mal, et lorsque l'esprit enveloppé de notre misère et dans les ténèbres intérieures ne sait plus où il en est, craint d'être comme abandonné de Dieu et livré à lui-même, certainement c'est l'heure d'une espèce de martyre et de purgatoire, puisqu'on n'a plus ni goût de la vertu, ni dévotion, ni sentiment de Dieu, ni parfois même une bonne pensée, et qu'il semble qu'on soit devenu pareil à l'animal dépourvu de raison. C'est là qu'on reconnaît clairement qui a de la solide vertu; c'est là la vraie pierre de touche des cœurs, et le sommet de la perfection la plus pure.

L'idée parfaite de cette très-éminente perfection, c'est Jésus-Christ, notre bon maître dans ses saints abandonnements, et dans ses délaissements passifs, où il s'est vu privé de tout secours extérieur et abandonné à lui-même. Je commencerai par traiter des plus petits, dont sa charité ne fit pas grand état, bien qu'ils fussent de leur nature fort fâcheux et très-sensibles : de là, peu à peu, nous monterons à l'apogée de cette perfection admirable.

Voyez d'abord comme à sa naissance il fut tellement privé de tout secours de la part des hommes, qu'il ne trouva pas un coin où il pût naître, même en l'achetant, et qu'il fut contraint d'emprunter aux bêtes une misérable étable pour lui servir de palais. Les hôtelleries, qui sont ouvertes à tout venant, et où les athées eux-mêmes sont reçus, furent tellement fermées au Dieu du ciel, qu'il ne put avoir place en aucune. Or n'est-ce pas une chose déplorable que le monde, ayant tant supplié le Seigneur de venir le racheter, l'abandonne entièrement quand il se fait homme? Qui approfondira bien ce mystère ne trouvera jamais occasion de se plaindre de rien. Voilà pour les hommes; mais que direz-vous de l'abandon que les anges semblèrent alors faire de leur Dieu? Eux qui prirent tant de soin de Loth, de Tobie, d'Élie, ont ainsi laissé Jésus naître et loger à l'aventure! Et que penserez-vous de la manière d'agir du Père éternel qui prépare aux oisillons une demeure sur un duvet si délicat, et délaisse si profondément son divin Fils, qu'il doit n'avoir d'autre abri qu'une étable ouverte à tous les vents?

Jouira-t-il du moins d'un peu de repos dans cette méchante masure? Hélas! non. Peu de jours s'écoulent, et voilà qu'Hérode et toute la Judée se mettent en armes pour lui ôter la vie. Tout est plein de fureur, de sang et de meurtres ! Il faut fuir et se laisser porter en Égypte comme un petit exilé ! Hélas ! croyez-vous qu'il sera secouru en Égypte, où l'idolâtrie exerce son empire, lui qui est abandonné des siens, et non-seulement délaissé dans sa propre patrie (ce serait une faveur si l'on en demeurait là), mais persécuté de tous, et poursuivi jusqu'à la mort comme le rebut des hommes? Et comment se fait-il que cet ange qui vient avertir saint Joseph de fuir au plus tôt, n'a pas amené avec lui l'ange de Sennachérib qui tua dans une seule nuit des milliers d'hommes, si lui-même ne voulait assister et secourir son petit Maître ?

Considérez combien les abandonnements accompagnent partout Jésus-Christ : s'il entre en triomphe à Jérusalem, il est forcé le soir même de quitter cette ville et d'aller demander l'hospitalité chez Marie-Madeleine, sans qu'un seul des riches de la cité daigne lui offrir le couvert! N'est-ce pas quelque chose d'étrange qu'un tel délaissement, d'une telle ville à un tel personnage, dans un tel jour, où tout le monde devait tenir à honneur incomparable de loger un pareil triomphateur? Personne ne s'en inquiète ni ne s'en occupe même. Quel triomphe! le matin entrer en souverain, le soir sortir en mendiant!

Mais allons plus avant. Saint Marc raconte qu'ayant rempli la terre de miracles, prêchant la doctrine du ciel, et parlant comme un Dieu, Jésus avait attiré autour de lui une immense foule de peuple. On se pressait, on s'étouffait presque pour entendre cette parole divine, lorsqu'au milieu de cette multitude d'auditeurs ravis, je ne sais quel esprit va inspirer ses parents, ses amis, ou ses disciples, de s'en venir le

1.

traiter d'insensé, d'homme qui a perdu la raison, et de changer ainsi toute sa gloire en ignominie ! La Sagesse incréée et incarnée accepte cette confusion inexprimable par un silence de sublime humilité ; et nous ne voyons pas qu'un seul homme ait dit une parole pour la défendre et l'admirer ! Qui comprendra d'une part l'indifférence de cet auditoire tout à l'heure transporté, et de l'autre l'injuste, l'inqualifiable conduite de ses proches ? Tout cela surpasse et confond nos esprits.

CHAPITRE II

Des grands et ineffables délaissements de Jésus-Christ.

Toutes ces déloyautés des hommes envers notre bon Jésus, n'étaient cependant que leurs essais, et ce divin Maître feignit de ne les point ressentir ; mais voici venir les grandes dérélictions et les profonds abandonnements qui lui furent si cruellement douloureux. Sur le point d'aller à la mort, au milieu de ses plus cuisants soucis, réduit comme à l'agonie, au sein des appréhensions les plus vives, ses apôtres le délaissent et tout le monde l'abandonne, excepté Juda pour le livrer, les soldats pour le charger de chaînes, Pierre pour le trahir, les bourreaux pour le mettre en pièces. Or qui veut connaître la grandeur de cette tristesse et les sentiments désolés du cœur de Jésus dans ces circonstances, doit remarquer que c'est là qu'il se plaît, tandis qu'il imposa un parfait silence à ses lèvres et dans son douloureux couronnement d'épines et dans son humiliante flagellation. Au jardin des Olives, il témoigne le déchirement de son cœur: *Mon âme est triste jusqu'à la mort*, dit-il, *vous n'avez pu veiller une heure avec moi!* Je vous avais prié de me tenir un peu compagnie, de me consoler par votre compassion, et vous n'avez pas eu le courage de rester une seule heure auprès de votre maître ! Vous m'avez laissé supporter seul tout le poids qui accable mon cœur. Il avait, plusieurs siècles à l'avance, chargé David de prédire cet abandonnement. J'ai cherché quelqu'un qui me consolât, dit-il, et je n'ai trouvé personne !

Croyez que, si Jésus se plaint, lui qui ne se plaint jamais d'ordinaire, lui qui est la force même, et plus fort que la force, c'est qu'il ressent la plus insupportable des douleurs, et que le comble de la désolation, c'est de se voir ainsi abandonné de tout le monde !

Mais où donc sont à cette heure les anges qui le servirent au désert, il y a trois ans ? Quoi ! pas un seul ne viendra le consoler dans son délaissement ? Et d'où vient que son Père céleste, qu'il dit être *toujours avec lui*, ne lui donne pas le plus léger signe de sa présence?

Néanmoins, quelque grands que soient ces abandonnements, il en est un plus profond encore, plus insupportable, si toutefois quelque chose peut être insupportable au divin cœur de Jésus-Christ; c'est le délaissement où il se laissa lui-même quand l'esprit combattant la chair, les sens la raison, la partie supérieure de l'âme l'inférieure, le Sauveur permettant à son cœur de se diviser en deux pour ainsi dire, souffrit que la moitié de lui-même se mît contre la raison et la volonté de Dieu, tandis que l'autre moitié y restait attachée, qu'enfin la partie supérieure abandonnât tellement l'inférieure, qu'elle ne lui prêtât plus nul secours, et la laissât plongée et comme abîmée dans la pure souffrance, n'y laissant pénétrer nul rayon de douceur céleste, nul support ; mais la livrant à un abandonnement ineffable, d'où s'échappa ce mot qui étonna le ciel : *Mon Père, faites, s'il vous plaît, que ce calice s'éloigne de moi!*

Dans l'horreur de tant de maux, les pores du corps sacré de Jésus laissent couler une sueur de sang ! ses membres en sont rougis, la terre en est baignée ! On ne conçoit pas qu'il ne soit point mort d'une douleur si vive ! Aussi appelle-t-on ce combat mortel, une *agonie.*

Je ne sais si un autre qu'un des plus sublimes séraphins du ciel pourrait raconter dignement la grandeur de cette incomparable souffrance, exprimer l'état ineffable du cœur de Jésus ainsi abandonné, non-seulement de toutes les créatures, mais de lui-même, sans vouloir permettre à sa divinité de consoler aucunement son humanité? Rébecca faillit mourir lorsqu'elle sentit les combats que ses deux enfants se livraient dans ses entrailles : que devait donc souffrir le cœur de Jésus partagé en deux volontés contraires? Mon âme a été remplie de maux, disait le prophète parlant au nom du Dieu fait homme, et ma vie s'est approchée de l'enfer. Comment cela?— Parce que, de même que les damnés souffrent des tourments intolérables sans mélange d'aucune consolation, les douleurs de Jésus-Christ ont été pures, immenses, sans aucun adoucissement. De telle sorte que David ne pouvant les comparer aux peines de ce monde, les assimilait à celles de l'enfer.

Voici votre heure, disait lui-même Jésus aux bourreaux, et celle de la puissance des ténèbres, qui exerce sur moi tout ce qu'on lui permet, et y essaye tout ce que sa barbare tyrannie peut lui suggérer de cruel. Voyez donc à quelle extrémité est réduit le Sauveur, puisque tout le ciel semble fermé pour lui, que lui-même s'abandonne, et que l'enfer est ouvert pour assouvir sa rage contre ce divin Rédempteur de l'humanité !

Mais voici ce qui est encore plus douloureux : Jésus s'abandonnant pour l'amour de son Père à toute sorte de tortures et d'outrages, et ne voulant pas se secourir lui-même, ne devait-il pas s'attendre au moins que le Père éternel de son côté, par amour pour son Fils unique, le comblât de joies intérieures au milieu des tourments de sa passion, et le secourût très-puissamment ? Il n'en est point ainsi cependant ; et tandis que, dit le grand Salvian, si un père avait immolé son fils pour sauver un méchant serviteur, on lui ferait son procès, et on le condamnerait à la roue, Dieu le Père abandonne son Fils unique, et le livre à tous les tourments pour le salut d'un malheureux serviteur qui mérite l'enfer! Oui, Dieu a tellement abandonné son Fils, il semble l'avoir si complétement mis en oubli, que cet innocent agneau, silencieux devant tant d'autres douleurs, se plaint de celle-ci; cette victime si patiente, prête à rendre le dernier soupir, laisse échapper ce cri d'inexprimable détresse : Mon Dieu, mon Dieu! pourquoi m'avez-vous abandonné?

Ce délaissement du Père éternel laissa la divine humanité du Seigneur dans une agonie mortelle; et nul ne peut comprendre ce qu'elle souffrit! Certainement, puisque le Sauveur Jésus eut la force de soutenir sans dire une parole les déchirements de la flagellation, les pointes aiguës des épines, le fardeau d'une croix énorme, la cruauté des bourreaux transperçant ses pieds et ses mains, l'affreux état de tout son corps et l'expansion de tout son sang, il faut bien reconnaître que l'abandon de

Dieu lui est encore bien plus sensible que toutes ces douleurs, puisqu'il en témoigne si tendrement l'impression. Des larmes en tombèrent de ses yeux divins, et il jeta un grand cri pour manifester l'excès de ce cruel délaissement. A ce cri d'ineffable angoisse, le soleil s'obscurcit, la lune se voila de sang, les étoiles s'évanouirent, la nature se bouleversa et sembla prête à rentrer dans le cahos. On eût dit que les éléments allaient s'anéantir pour exprimer la pitié que leur causait le Fils de Dieu et leur Créateur, abîmé dans un abandon qui n'eut jamais de semblable! Ne pensez pas, en effet, qu'aucune consolation fut alors accordée à Jésus-Christ: si la sainte Vierge, Madeleine, saint Jean, pleurent au pied de sa croix, leur douleur ne fait qu'accroître la sienne, et cette sorte de stupeur dans laquelle ils sont plongés ne leur permet pas d'adresser à leur doux Maître une seule parole de compassion; du moins l'Évangile ne nous en rapporte aucune. Hélas! qu'eussent-ils pu lui dire? Leur cœur et leurs lèvres n'étaient-ils pas muets de désolation? La poitrine oppressée de sanglots, l'âme percée de mille traits mortels, quels mots consolateurs eussent-ils pu faire entendre à ce divin supplicié qui n'avait plus aucun soulagement à recevoir de la terre ni du ciel? Une seule parole de Marie n'eût-elle pas d'ailleurs redoublé la douleur de son cher Fils au lieu de la soulager? Madeleine n'avait que des larmes, et Jean était comme submergé dans des flots d'amertume qui lui ôtaient la force et la voix.

Pour moi, il me semble que ces amis désolés tourmentèrent encore plus le tendre Sauveur Jésus par le spectacle de leur indicible tristesse, que ne le fit souffrir le délaissement des autres dispersés par la frayeur. Ceux-ci le livrèrent à la douleur,

mais ceux-là le martyrisèrent par l'amour.
Eh ! qui ne sait que les blessures que fait
l'amour sont mille fois plus cuisantes que
celles de la douleur. Oh! vraiment, cette
victime adorable pouvait bien dire : Mes
plus proches et mes plus chers amis sont
restés près de moi, exposés à ma vue ;
mais leur compassion a été le comble de
mes souffrances ! Leur peine m'a été une
passion insupportable, et j'ai plus souffert
en les voyant souffrir pour moi, que s'ils
m'avaient abandonné comme l'ont fait les
autres. Cependant, mourons ainsi, puisque
c'est ainsi que le veut mon Père. Et dans
cette pensée, au milieu d'une pure et uni-
verselle souffrance, le Rédempteur des
hommes exhala son dernier soupir.

Mourir dans un désert, loin de toute
créature humaine, cela eût été moins douloureux. Le défaut de compassion, de charité, d'assistance, n'y aurait pas eu de part,

et cette solitude eût été plus aisée à souffrir; mais mourir au sein d'une grande
ville, au milieu d'un million de personnes,
dans les jours les plus solennels de l'an-
née, en présence de la foule immense que
Jésus avait consolée par ses bienfaits, ravie
par son éloquence, transportée par ses
prodiges, et sans qu'un seul de ses obligés,
de ses admirateurs, de ses disciples osât
l'assister d'un mot, d'un regard, d'un soupir, oh! n'était-ce pas là le comble de la
désolation!.. Quoi! ce peuple qui voulait
hier le faire Roi, lui préfère aujourd'hui
un assassin, Barabbas! Cette multitude qui
le pressait de toute part, s'exposant à l'é-
touffer dans les témoignages de sa tendresse et de son enthousiasme, le livre
maintenant seul, dépouillé, couvert d'opprobres et de plaies, à des bourreaux vils
et barbares! Cette innombrable population
qu'il a rassasiée au désert par un miracle,

lui refuse dans sa soif dévorante une goutte d'eau! Et tel est l'excès de son abandon, que ceux qui lui répondent l'affligent plus que ceux qui le quittent, et ceux qui lui parlent plus encore que ceux qui se taisent! Un homme lui présente du fiel! un larron le blasphème!... Est-ce assez? Jésus a-t-il enfin vidé jusqu'à la lie la coupe de l'affliction? Non; cette amertume n'est pas encore épuisée, et en voici le comble : c'est que tant de tortures, d'angoisses, de mortelles agonies n'atteindront pas comme il le désire, comme il le veut, le but qu'a cherché son amour, le salut de tous les hommes! Une foule rebelle, insensible, abrutie, échappera à la sublime charité du Sauveur, et réalisera cette douloureuse et prophétique parole tombée de ses lèvres divines : *Beaucoup sont appelés, mais peu sont élus.*

C'est ainsi que Notre-Seigneur est par-

venu au plus haut sommet de la pure souffrance : suivons donc le précepte de l'A-
pôtre qui nous conjure d'imiter Jésus-
Christ, de nous consoler dans nos maux en
considérant la grandeur de ses peines ; et
surtout arrêtons-nous à une circonstance
pesée par fort peu de personnes, digne
néanmoins d'être admirée durant toute
l'étendue de l'éternité, et que signale le
grand Apôtre : Regardez, dit-il, Jésus-
Christ qui, ayant pu choisir la joie, porta la
croix sur ses épaules, méprisant la confusion. Ces mots sont profonds ; mais ils con-
tiennent toute l'infinie grandeur de la charité du Sauveur Jésus, la consommation de
notre allégresse, la consolation la plus solide qui soit pour nous sous le ciel. Écoutez bien ceci, et comprenez-le.

Les saints donnent quatre sens à ces paroles sublimes. Voici le premier : dans l'é-
ternité Dieu le Père donna à son divin Fils

le choix de racheter le monde par la joie et le comble des consolations divines, ou bien par l'âpreté de la croix, et par l'extrémité d'un délaissement général de toute sorte de douceurs célestes. Par une bonté infinie Dieu le Fils préféra les mépris et les souffrances. Le second sens du texte de saint Paul est celui-ci : au premier instant de sa conception, Jésus-Christ eut le choix d'une vie pleine de grandeurs, de triomphes, de consolations saintes, ou d'une suite de confusions et de martyres, car chacune de ses actions étant d'un mérite infini à cause de sa divinité, il pouvait racheter le monde par le moyen qui lui conviendrait le mieux : Jésus aima mieux l'opprobre et la douleur.

Le troisième sens donné au texte est celui-ci : puisqu'il faut du sang pour racheter les hommes, une seule goutte de celui que vous avez daigné prendre suffira. Celui de la circoncision serait surabondant pour sauver mille mondes, contentez-vous donc de cette première effusion, et passez le reste de votre vie dans les délices du ciel ; ou bien, si vous le préférez, vivez dans les travaux et les peines, et mourez dans une mort sanglante et terrible, jusque-là que votre Père même vous abandonnera.

Jésus trouve que ces excès de souffrance témoignent plus d'amour ; il les choisit et les désire.

Enfin le dernier sens prêté à la parole de l'Apôtre est celui-ci : si par le support de tant de maux le Sauveur eût gagné plus de grâce, de gloire et de grandeurs que par la joie et les délices, certes il y eût eu encore quelque motif de les préférer ; mais pouvant également glorifier Dieu, sauver le monde, gagner la même gloire par l'abondance des consolations divines que par leur entière privation, il agit vraiment en

Dieu en embrassant les ignominies, les larmes, les délaissements, et cela par la charité la plus désintéressée, et pour des méchants et des ingrats ! N'allez pas croire que, lorsqu'il s'écrie : Mon Dieu, pourquoi m'avez-vous abandonné, il ait quelque regret d'avoir choisi tant de douleurs; et envie de les repousser : non, non ; s'il parle, s'il se plaint, c'est afin qu'on comprenne jusqu'où vont ses angoisses ; afin qu'on n'ignore pas qu'il souffre, et que le monde sache jusqu'à quel point Dieu l'a aimé !

Examinons maintenant comment Jésus-Christ fut délaissé de son Père. On remarque en lui cinq liaisons et unions sacrées : la première est l'union divine, qui est l'unité en essence ; la seconde comme homme-Dieu existe par l'incarnation qu'il a une fois épousée et qu'il n'a jamais répudiée ; la troisième est celle de la grâce et de conformité de volonté, et ce nœud

n'a jamais été délié; la quatrième est celle
de gloire; car l'âme de Jésus-Christ, dès
le premier instant, vit Dieu, fut unie avec
lui, et cette union de la gloire ne s'est jamais dissoute; cette lumière de gloire ne
s'est jamais obscurcie. La cinquième, c'est
l'union de protection par laquelle les yeux
de Dieu le Père étaient attachés sur cette
divine humanité de son Fils, comme s'il
n'avait autre chose à faire que de l'environner de ses soins paternels, et de le couronner de ses faveurs continuelles. Et c'est ici
que s'est faite cette désunion et ce douloureux délaissement, car Dieu le Père
pouvant délivrer Jésus-Christ de ses peines, et Jésus-Christ lui-même pouvant se
combler de consolations ou bien commu-
niquer par la gloire de son âme une parfaite insensibilité à son corps, ou bien encore anéantir les souffrances par une joie
ineffable donnée à son humanité, voulut,

de concert avec son Père, retrancher tout cela, se laisser souffrir, s'abandonner à lui-même comme homme sans aucun secours particulier, mais livré à ses efforts et à sa vertu ; enfin éprouver ce que ressentit plus tard saint Paul, lorsque, suppliant Dieu de lui accorder un peu de secours extraordinaire ou la délivrance de ses peines, il ne fut point exaucé, mais n'obtint que la *grâce qui suffit* pour combattre les tentations qui l'accablaient. Or comme, lorsque Jésus fut tenté par Satan dans le désert, au lieu de le confondre et de l'écraser par sa puissance, il se contenta de combattre avec lui comme un homme ordinaire l'eût pu faire, souffrant la tentation, la surmontant par les paroles de l'Écriture sainte et la fidélité due à Dieu ; dans sa passion, il ne voulut point davantage se servir de son pouvoir divin, et son Père non plus ne voulut point lui prêter d'aide extraordinaire.

Aussi le Sauveur fit connaître cet état douloureux par cette plainte amère : Mon Dieu, pourquoi m'avez-vous abandonné ?

Ainsi Jésus-Christ ne veut pas ici se servir de sa divinité, mais n'employer que les moyens ordinaires d'un homme ordinaire, et des vertus qu'il a comme s'il n'était qu'un pur homme, afin que nous prissions courage dans les épreuves, espérant que, dans son entier abandon, Dieu néanmoins ne nous abandonnera pas entièrement, alors même qu'il semble nous avoir oubliés, et livrés à toute la malice et à toute la jouissance de nos ennemis.

CHAPITRE III

De l'abandonnement de l'âme.

Me voilà arrivé à traiter le point le plus sublime de la vertu et de la perfection où l'on puisse parvenir en ce monde. La patience, dit saint Jacques, rend les œuvres parfaites. Or le plus éminent degré où elle puisse atteindre, c'est quand l'âme est dans la pure souffrance pour Dieu. Alors cette âme ne peut presque plus agir ni rien faire qui semble d'aucune valeur, Dieu paraît l'avoir quittée, et elle paraît avoir quitté Dieu, n'ayant plus nul sentiment de lui, ni de la vertu ni d'aucun bien ; mais toute remplie de pensées noires et assiégée de défiance, de tristesse, de mort et de désespoir. Dans cet état, l'âme craint d'être réprouvée ; rien ne la console ; ce qui lui donnait autrefois des consolations délicieuses, lui est maintenant en horreur ! Il n'est pas jusqu'à la douce et divine Eucharistie qui ne l'afflige ! La confession lui est un insupportable tourment ; l'oraison un sujet de frayeur ; la prière un ennui ; les gens de bien d'effroyables fantômes. Quiconque

lui parle la tue, qui ne lui dit mot la désespère. Si on lui adresse des paroles affec-
tueuses, on l'irrite; si on lui fait entendre
quelque chose de rude, on l'exaspère. La
mort l'effraye; la vie lui est insipide; le
corps est accablé, le cœur serré, l'esprit
dans une espèce d'enfer !

Or c'est là l'état du divin abandonnement; c'est le creuset de la vraie et pure
vertu; l'épreuve qui rend l'âme parfaite, et
le plus haut sommet du pur mérite qui se
puisse presque imaginer. La différence
qu'il y a entre les abandonnements du Sauveur et les nôtres, c'est que le divin Jésus
était assuré qu'il souffrait uniquement
pour la gloire de Dieu; qu'il ne pouvait
l'offenser par le moindre péché véniel; que
le terme de ces mystérieux délaissements
serait une gloire ineffable; qu'il avait un
cœur et un corps si fidèles, qu'il ne heur-
terait jamais la pierre de scandale dans le

chemin raboteux des douleurs ; que ce chemin serait court ; et que d'ailleurs il possédait une multitude de vertus héroïques et suréminentes pour en surmonter les difficultés. Le Sauveur avait ardemment désiré ces souffrances ; il était dans la force de l'âge, et d'une complexion si noble et si magnanime, que la faiblesse de son corps n'eût jamais affaibli son esprit ; il savait que le démon n'aurait nul pouvoir sur lui pour redoubler ses suggestions importunes et maudites ; que le sujet de ses tortures était si grand et si sublime, soit par rapport à la gloire de Dieu, soit à celui du bonheur et du salut des hommes, que nulle peine ne semblait être une peine au prix d'un pareil résultat, mais devenait une sorte de joie dans la vue de cette fin admirable. Voilà à peu près les avantages que Jésus-Christ avait sur nous, et par conséquent ses abandonnements lui étaient plus faciles à supporter qu'à nous, misérables pécheurs. Hélas! quel moyen de pouvoir soutenir ce pitoyable état de délaissement de la souffrance pure sans aucun mélange de consolation, et où l'âme semble être abîmée dans un océan d'amertume ?

Mais, c'est ici justement que je désirais en venir pour vous découvrir ce mystère qui est le secret des secrets, à savoir : que l'état du monde le plus éminent et le plus douloureux qu'on puisse se figurer, et dans lequel on puisse le mieux imiter Jésus-Christ que dans tous les autres états, c'est celui que je viens de dépeindre. Or, pour bien entendre ceci, il faut que vous sachiez d'abord que l'amour *unitif* est le plus élevé qui puisse être, et la perfection de tous les amours d'une belle âme. Mais cet amour unitif, tout élevé qu'il est, a cependant deux natures différentes ; ainsi, s'il nous unit à Jésus glorifié, assis sur les ailes des ché-

rubins, et qu'il nous perde dans les abîmes
de ses consolations ineffables, ne nous faisant aimer que le ciel, la gloire, l'éternité,
il peut être mêlé d'amour-propre ; parce
qu'il est facile en ces douceurs de chercher
Dieu pour soi-même et non pour lui, de ne
vouloir trouver Dieu que pour se trouver en
Dieu ; et de désirer plus encore les consolations de Dieu que le Dieu des consolations. Alors, cet amour unitif, dont les
bienheureux jouissent d'une manière pure
et parfaite, est dangereux pour nous qui
ne sommes guère capables de le goûter
purement ; il effraye même une âme humble et qui connaît toute la fragilité de la
nature déchue ; et elle lui préfère infiniment l'autre sorte d'amour unitif qui consiste aussi à être uni à Jésus, mais à Jésus
abandonné, plongé dans des flots de tristesse, suant le sang et l'eau de l'agonie.
Voilà ce qui a fait que saint Paul a été saint

Paul. Je ne veux savoir qu'une chose, dit-il, c'est Jésus, et Jésus crucifié, c'est toute ma science et tout mon amour. Remarquez cependant qu'il l'avait vu glorifié dans le ciel : néanmoins, il déclare ne rien savoir que Jésus crucifié. Il a mieux aimé le connaître cloué à une croix, et s'unir à lui dans ces extrêmes désolations, que de le contempler dans sa divine gloire, et de s'attacher à lui dans le sein du bonheur, estimant que la perfection de l'amour en cette vie est dans l'union avec le Sauveur souffrant et humilié. L'amour unitif avec Jésus glorifié a ses avantages en ce monde sans doute ; mais il est beaucoup moins utile à l'âme, et n'est point le propre de cette vie épineuse et tourmentée. Au plus grand nombre des âmes il convient mille fois mieux d'aimer Jésus couvert de son sang, déchiré de coups, couronné d'épines. Le Sauveur lui-même, pouvant aisément glorifier son corps en lui communiquant la gloire de son âme, ne le fit qu'une seule fois au jour de sa transfiguration sur le Thabor. Durant tout le reste de sa vie, il suspendit la communication de cette gloire, et laissa son corps privé de la joie que pouvait lui donner son âme unie à la divinité : des pensées douloureuses, des appréhensions de mort : voilà ce que Jésus se réserve pendant son pèlerinage icibas.

A son exemple, aimons la souffrance et la mortification. Méditons ses plaies, ses tourments. Sans doute, la contemplation de sa gloire et de sa félicité divine est bonne à nous fortifier et à nous réjouir le cœur ; mais la considération de ses tourments et de ses opprobres nous exerce bien mieux aux vertus dont il s'est fait le modèle, nous purifie de nos imperfections, ruine notre amour-propre, et est vraiment la nourri-

ture qui convient à notre âme dans le cours
de cette vie d'épreuve et d'expiation.

CHAPITRE IV
De la pure souffrance.

L'âme peut, en ce monde, se trouver
dans trois sortes de dispositions : premièrement, elle peut être comblée de joies
divines, ne faisant, pour ainsi dire, que
recevoir les consolations célestes par une
pure faveur de Dieu. Secondement, elle
peut souffrir des peines, mais y trouver
des soulagements dans l'action qui l'applique aux bonnes œuvres et redouble ses
mérites. Quelqu'un est-il triste, dit saint
Jacques, qu'il prie. Or, celui qui peut
prier, lire de bons livres, charmer ses ennuis par de saints entretiens, se donner
quelques distractions innocentes, celui-là

n'est malade qu'à demi; il fait plus de bien dans son infirmité que s'il était parfaitement sain, et l'on peut dire que sa maladie est sa santé. La troisième disposition dans laquelle peut se trouver l'âme, et la plus fâcheuse, c'est l'état de pure souffrance. Alors, on ne fait que languir; on ne saurait, ce semble, ni agir, ni prier, ni lire, ni élever son cœur à Dieu, ni même regarder le ciel! Dire une bonne parole paraît comme impossible; l'écouter seulement répugne et ennuie. L'esprit est sans aucune consolation et comme privé de toute assistance, tant il se trouve défaillant. On dirait que toutes les vertus sont mortes; qu'on n'a plus de foi, point ou presque point d'espérance, et nulle étincelle d'amour! Ce feu céleste ne jette plus en apparence aucune lueur; il n'en reste que la fumée qui cause mille pensées noires, mille regrets amers, en nous faisant ressouvenir du temps où nous faisions tant de bonnes et pieuses actions animées par les saintes joies du cœur. Toute cette divine lumière est éclipsée, et l'âme s'écrie avec le vertueux Tobie : Quelle joie peut ressentir celui qui est privé de la lumière du ciel, et qui se voit condamné à des ténèbres perpétuelles? Les plus grands saints eux-mêmes sont bien douloureusement surpris, quand ils se voient réduits à la souffrance et à l'immobilité sur ce lit cruel de l'entier abandonnement. Là, ils se sentent sevrés de tout secours humain et divin, abandonnés à eux-mêmes et à leur propre vertu, ne se sentant plus le cœur ni le courage de rien faire, ayant presque perdu l'espérance d'être délivrés de ces épaisses ténèbres, et retirés de cet abîme profond ! Si du moins ils pouvaient s'appliquer quelque peu à leurs exercices ordinaires! mais ils ne sauraient réunir deux pensées, ni prononcer une bonne parole. Ils sentent bien les coups de l'épreuve qui les martyrise, mais ils n'ont nulle connaissance du secours de la patience qui les fortifie. Le nom même de cette vertu de patience leur est odieux; ils sont rassasiés d'en entendre parler et ont à dégoût sa pratique, tant elle leur semble onéreuse et impossible. Et cependant cet état crucifiant est le plus digne, le plus élevé, le plus méritoire, le plus héroïque de toutes les situations de l'âme! Il n'y en a point où l'on imite mieux Jésus-Christ, où les actions de la volonté soient plus pures, où l'humilité soit plus parfaite. Mais arrêtons-nous ici pour faire une remarque très-importante, et qui peut infiniment consoler les bonnes âmes dans cet état d'affliction.

Quand nous faisons un acte de vertu, souvent trois ou quatre actes d'autres vertus se mêlent à celui-ci : ainsi, lorsque nous

accomplissons une œuvre de charité, l'o-
béissance, l'humilité, la mortification peuvent s'y joindre ; de sorte que, tandis qu'il
semble que nous n'ayons produit qu'un
seul acte de vertu, nous en avons formé
plusieurs. Or, il arrive que dans l'état de
pure souffrance, le cœur, la joie, les humeurs n'aidant aucunement l'âme, il lui
semble qu'elle n'a rien fait, l'action n'étant
que dans la pointe de l'esprit; cependant,
devant Dieu l'acte bon a été parfaitement
accompli, la vraie substance du bien a été
produite; la pure action de la vertu a été
faite et purement faite, n'y ayant mélange
d'aucune autre chose, même il arrive, par
exemple, que l'on peut très-bien avoir une
parfaite contrition sans répandre une seule
larme, sans que les lèvres poussent un seul
soupir, sans que la passion de la douleur
se ressente, sans que l'entendement ait
quelque lumière particulière ; il n'y a que

la seule volonté qui déteste puissamment
le péché, comme étant commis contre la
bonté ineffable et infinie de Dieu. Un
homme qui peint une image de Notre-
Dame, étend avec art les couleurs sur
la toile, et fait un admirable visage; de
plus, il a une grande joie de voir cet ouvrage; il espère le bien vendre; il le regarde mille fois; il le loue aux amateurs;
pendant qu'il le colore, il l'admire lui-
même; il ne se lasse pas de le contempler;
il le compare à tous ses autres ouvrages;
mais de toutes ces actions, il n'y a que la
première qui soit véritablement l'action du
peintre. Toutes les autres sont accessoires
et accidentelles. Quand elles n'existeraient
pas, cet homme ne laisserait pas d'être un
excellent peintre; tant s'en faut que cela
y aide, que souvent, au contraire, ces soins
le distraient et le détournent de la perfection de son œuvre; car, pendant que l'ar-

tiste s'amuse à admirer son travail, à adorer le bonheur de son pinceau, l'aise le
transporte, et il s'applique moins. De
même, quand un homme spirituel veut
peindre dans son cœur le portrait virginal
de quelque belle vertu, et reproduire son
image dans son âme, il fait mille actions
diverses, comme le peintre dont j'ai parlé;
mais cependant une seule de ces actions
est la vraie, la pure; tout le reste n'est
qu'accident qui souvent empêche la perfection de la vertu. L'amour-propre le plus
fin et le plus pernicieux se nourrit dans
tout cela; l'âme s'y repaît follement du
plaisir qu'elle prend en ses œuvres spirituelles, dans l'abondance des larmes, la
profondeur des soupirs, la tranquillité
douce qui nourrit souvent la paresse; et au
lieu de se plaire en Dieu seul et en la substance de la pure vertu, elle se remplit de
viandes creuses et du vent d'une trom-

peuse vanité. Cet amour-propre est si dé-
guisé qu'on le prend pour l'amour de Dieu;
on jurerait que ce n'est que pure charité,
et certes, ce n'en est réellement que le fan-
tôme et le simulacre. Ces gens, dit le Saint-
Esprit, craignent Dieu, et chacun pourtant
adore son idole.

CHAPITRE V .

Ce que Dieu prétend en ces abandonnements.

Dieu donc est si bon, que, voulant épurer quelques belles âmes qu'il chérit fort
tendrement, il les met en cet état d'abandon, pour leur apprendre à ne chercher
que lui seul, très-purement, sans intérêt
quelconque de joie ou de satisfaction per-
sonnelle. Il veut qu'elles sachent faire des
actes de vertus pures et sans mélange, et
les remplit ainsi d'un mérite incroyable et

très-éminent. Donc, quand il tient à éprouver un bon cœur, et à le dégager puissamment de toutes les créatures, il fait deux
choses : premièrement, il laisse ses dons
et les vertus dans l'âme et se met lui-même
au milieu pour secourir secrètement cette
âme qui se croit délaissée. En second lieu,
quand ces vertus veulent agir, il concourt
avec elles, et fait qu'elles exercent leurs
actions très-purement et très-parfaitement,
mais à la pointe de l'esprit, et dans la partie supérieure de l'âme, et si sourdement,
pour ainsi dire, que ni la partie inférieure,
ni le cœur, ni le corps, ni les passions n'y
prennent garde aucunement. Il se pratique
ici ce que Notre-Seigneur dit de l'aumône :
que la main gauche ignore ce que la main
droite accomplit. On n'y ressent ni joie ni
vigueur ; on n'a aucune connaissance réflé-
chie sur l'action, et on croit ne rien faire
de bien ; et il est réel cependant qu'on fait

3.

une action très-parfaite, très-pure et très-agréable à Dieu.

Ceux qui brodent les belles tapisseries ne savent pas, en les faisant, quelle est la beauté de leur ouvrage. Ils travaillent à l'envers, et ne voient point l'œuvre de leurs mains que tout le monde considère, excepté eux qui sont toujours derrière leur travail. Mais quand ils l'ont achevé, ils vont de l'autre côté et le contemplent avec une admiration joyeuse. Car ils n'avaient ni la vue, ni le contentement, ni presque la croyance d'une telle merveille, si d'ailleurs ils n'en avaient connu par avance le secret. Et cependant leurs doigts ont fait, à l'insu de leurs yeux, ces broderies royalement belles.

C'est donc se tourmenter à plaisir que de vouloir à toute force, quand on est dans ce divin délaissement, essayer avec un empressement inutile de faire des actions de joie, de réflexion, de douceur, de goût spirituel. Tout cela est temps perdu ; car Dieu n'y concourant pas, vous ne sauriez rien faire, et il ne veut concourir absolument qu'à l'acte de la vertu toute seule ; de façon qu'on jurerait presque qu'on ne fait rien ; qu'on n'a ni foi ni dévotion ; qu'on est semblable à une brute et en très-mauvais état ; tandis qu'au contraire Dieu est au centre du cœur ; que les vertus font bien leur devoir, que l'âme est en un état très-élevé ; qu'elle ne cherche que Dieu seul, et que jamais elle n'a été peut-être plus agréable aux yeux de la majesté divine.

Il faut alors se garder d'examiner pour quel péché on est tombé dans le puits très-profond de cet abandonnement ; mais il faut supposer que, par une particulière providence. Dieu en a ainsi disposé pour sa gloire, pour notre plus grand avantage, et que cela nous sera très-profitable. Reposons-nous dans cette pensée et dans le sein de la charité du Seigneur.

Sainte Catherine de Sienne étant un jour dans ce grand abandonnement, son âme se trouvait si fortement persécutée et accablée de pensées maudites, qu'elle ne pouvait presque plus résister ni élever son cœur à Dieu. Il lui semblait qu'elle allait tomber dans ce précipice, comme je le raconterai plus tard. Enfin, levant les yeux, elle vit son Époux céleste. O bon Jésus, lui dit-elle, hélas ! où étiez-vous, et moi, chétive, où étais-je ? M'avez-vous donc, ô douceur de mon âme, m'avez-vous ainsi abandonnée dans une si extrême nécessité ?

— J'étais, ma fille, au milieu de votre cœur, afin que vous ne consentissiez à aucune de ces pensées malheureuses et abominables, lui répondit le divin Maître.

Ne doutez point qu'il n'en use de cette manière à votre égard ; et quand vous vous

rompriez la tête par des efforts inconsidé-
rés ; quand vous vous tourmenteriez l'esprit de mille façons pour arracher quelque
sentiment de votre âme, de votre volonté
ou de votre cœur sec comme une éponge,
tout cela ne servirait à rien qu'à redoubler
vos maux, manifester votre impatience,
et diminuer de beaucoup le mérite de vos
souffrances et de vos vertus.

Quand un homme dort, la bouche ouverte, si l'on pouvait lui distiller un consommé dans l'estomac, cela le nourrirait
aussi bien et mieux que s'il l'avait pris en
veillant. Cependant, au réveil, il jurerait
qu'il n'a rien pris, que son estomac est tout
vide, et qu'il le sent mieux que qui que ce
puisse être au monde. Cet homme néanmoins serait dans une grande erreur ; il
n'aurait jamais fait meilleure chère ; jamais pris d'aliment plus épuré, nourrissant
et succulent, sans peine aucune, quoiqu'il

n'ait eu ni sentiment, ni appétit, ni plaisir en recevant ce mets précieux et délicat.

Il en arrive de même dans le saint délaissement. L'âme étant comme endormie et ses puissances assoupies, pour ainsi dire, il n'y a que la vertu, qui, mystérieusement, fait ce qu'elle doit dans la partie du cœur la plus secrète : on n'en sent rien ; on ne le croit pas, pourtant il est très-vrai que cela se fait de la sorte ; que l'âme est nourrie intérieurement, et est insensiblement fortifiée par les actions que je vous indiquerai en leur lieu. Vous connaîtrez clairement cette vérité, et vous en conviendrez de votre propre bouche.

Climaque dit que la véritable humilité est un voile que Dieu met sur les yeux de l'âme, afin de cacher à cette âme le bien qu'elle accomplit.

———

CHAPITRE VI

Les grandes peines qu'on souffre en cet état, et
comment il faut les ménager.

La première chose que je dois guérir,
c'est la frayeur, d'ailleurs fort louable, que
vous éprouvez d'être en mauvais état. Car,
me direz-vous, Jésus-Christ était assuré
qu'il ne pécherait point dans son abandonnement, et, si je pouvais avoir cette assurance, je me tourmenterais peu du reste.

A cela je répondrai que, premièrement,
d'être impeccable, il n'appartient qu'à
Jésus-Christ, et non pas à la créature. Secondement, que, quand vous feriez par malheur quelque petit péché véniel par surprise, par violence du mal, par une légère
impatience, par les étreintes d'une mélancolie opiniâtre qui vous serre le cœur,
cela ne vaut pas la peine d'en parler au-

près des grandes actions de vertu que vous pratiquez d'ailleurs. Un peu d'eau bénite, le signe de la croix, une bonne pensée effacera ces légères fautes. Il vaut bien mieux faire tant de bien (que vous ne feriez pas en autre état), avec quelque minime péché véniel qui échappe, que de ne faire ni l'un ni l'autre. Jamais le feu ne se conserve bien s'il n'est couvert d'un peu de cendres; jamais le feu de notre charité et de nos vertus ne dure s'il n'est à couvert sous la cendre de l'humilité. Or, ces petits défauts produisent cette humilité; et ce sont comme les cendres à l'abri desquelles la divine Providence permet que nos vertus soient cachées et nourries secrètement.

Troisièmement, un peu de crainte est toujours bon, et bienheureux est le cœur qui tremble toujours, dit le Saint-Esprit. Mais cette crainte doit être filiale, douce,

sans empressement, avec un repos et une
tranquillité de colombe. La crainte pleine
de scrupules, de trouble, d'épines, d'opi-
niâtreté en vos pensées propres, c'est une
crainte folle, toute remplie d'amour-propre et d'un orgueil très-fin et très-caché.
Servez Dieu avec crainte, dit David; mais
en tremblant, réjouissez-vous en lui, et
soyez remplis d'une grande confiance et
d'une grande consolation.

Quatrièmement, les têtes les mieux or-
ganisées et les hommes les plus savants en
matières spirituelles, disent que c'est l'in-
dice d'une âme fort glorieuse et superbe,
de se contrister avec tant d'empressement
quand on a commis par fragilité quelque
menu péché véniel. On est confus de se
voir sujet à confusion, et la crainte de la
confusion est la cause de cette douleur.
Oh ! que Dieu aime bien mieux un cœur
humble et simple, et qui tout rondement

avoue sa faute, en demande pardon de bon cœur, se propose de s'amender, et puis dit tout innocemment : Vous étonnerez-vous que j'aie fait une faute, moi qui ne suis que misère? Ah! si Dieu ne me retenait, j'en ferais bien d'autres!

Après cela donnez-vous du repos, et ne vous tourmentez pas sottement, en criant : Ah! détestable que je suis! Ah! déloyal! Serai-je donc toujours si malheureux, hélas! que d'offenser mon Dieu, et de toujours replonger mon cœur dans les mêmes fautes? Ah! que ne suis-je mort! Moi, commettre encore des péchés!

Ces élans semblent bien parfaits, et je ne vous tais pas qu'ils ne le puissent être en quelques personnes plus sages et plus humbles que vous; mais permettez-moi de vous dire avec candeur, qu'en vous ce n'est qu'orgueil et pure présomption. Moi, dites-vous, que je fasse cela! — Et de grâce

qui croyez-vous être? Pour qui vous pre-
nez-vous? Ne mourez-vous point de honte
d'avoir si bonne opinion de vous, et de
vous croire impeccable? Quand vous le seriez, et plût à Dieu que vous et moi nous le
fussions tous les deux ; croyez-m'en, il
vaudrait mieux se mettre dans le sein de
l'humilité et de la paix, et dire : d'un méchant cœur comme le mien, que pouvait-
on attendre, sinon des fautes, des péchés
et de l'abomination !

Cinquièmement, car je veux vous guérir tout à fait, et arracher les dernières ra-
cines qui font germer ces épines si aiguës
et si perçantes, ces craintes douloureuses
et inutiles : vous craignez d'être en mauvais état ; et parce que votre pauvre cœur
est assailli de mille pensées détestables,
ou que quelque parole vous échappe, vous
pensez que tout est perdu. Je veux vous
prouver tout le contraire. Dites-moi, mais

dites-le-moi, tout ingénument : toute votre crainte n'est-ce pas de tomber en quelque faute? N'est-il pas vrai que vous aimeriez mieux mourir de dix mille morts, que de commettre un seul péché mortel?

Passons plus avant ; voudriez-vous de votre plein gré faire même un péché véniel, si léger qu'il pût être? Quand par surprise il vous échappe quelque petite impatience, confessez-le-moi simplement, le cœur ne vous fait-il pas mal aussitôt que la parole est dite? De grosses larmes ne tombent-elles pas quelquefois de vos yeux, comme si votre âme voulait courir après vos paroles, les atteindre et les abîmer dans un déluge de pleurs, formé d'un orage de regrets? Ne demandez-vous pas cent fois le jour à Notre-Seigneur, qu'il vous garde par sa sainte bonté du malheur de lui déplaire? qu'il vous fortifie le cœur? qu'il vous donne abondamment ses grâces? qu'il redouble vos petits maux, à la charge qu'il renforcera aussi votre courage? Ne lui demandez-vous pas mille fois pardon et miséricorde? Ne faites-vous pas mille et mille actes d'amour, de conformité de volonté, de courage, d'oblation et sacrifice de vous-même, de désirs du paradis, d'expropriation et dénûment de toutes les créatures, d'un million d'actions héroïques et magnanimes, voire même en dépit de l'impatience et de la pusillanimité? Voudriez-vous commettre une légère faute de sang-froid pour être délivré du mal qui vous accable? Ne voulez-vous pas que Dieu soit votre Dieu, que sa sainte volonté soit faite? Et ce qu'il veut, lui, ce bon Seigneur, ne le voulez-vous pas aussi?

Cela étant, pourquoi faites-vous le désespéré et l'accablé de tristesse? Où il n'y a point de volonté, il ne peut y avoir de péché. Auriez-vous donc la volonté de

pécher, vous qui mourez de frayeur de pécher? vous qui n'avez d'autre appréhension que celle-là, et qui importunez sans
cesse le ciel afin qu'il ne vous laisse tomber dans aucune iniquité du monde? vous
qui pour une faute de néant versez un tor-
rent de larmes, et vous consumez de soupirs?

Croyez-vous qu'une âme qui est en cet
état doive être tourmentée de ces inutiles
épouvantes? Pouvez-vous supposer qu'elles
agréent à ce doux et tendre Sauveur, qui
lit dans le fond de nos pensées et sait très-
bien, hélas! oui, de quelle chétive pâte
nous sommes, et combien fragiles et misérables en toutes choses sont ses pauvres
créatures?

C'est impiété, dit saint Bernard; c'est
impiété bien grande de croire que Dieu
nous traite à si grande rigueur; qu'il nous
contraint à l'impossible ou à des choses si

difficiles qu'elles peuvent passer moralement pour impossibles. La plupart de ces
pensées noires qui vous persécutent, passent et volent par votre esprit sans y faire
plus. Laissez-les donc passer. Cela se fait
en vous, mais sans vous. Ne les arrêtez pas,
je vous prie ; ne vous y brisez pas la
tête.

Quand le roi est dans son cabinet, au
milieu des oracles de son conseil, en même
temps dans les vestibules et les basses-
cours, les pages, les suisses, les laquais,
les soldats, les gardes, mille courtisans
font un si violent tapage, qu'à peine enten-
drait-on le tonnerre gronder. Si cette foule
bruyante s'échauffe et se querelle parfois,
le tumulte arrive jusqu'à l'oreille du mo-
narque et de ses ministres : pensez-vous
pour cela qu'on y fasse la moindre attention ? que quelqu'un bouge de sa place ?
que le souverain y songe seulement ?

Le bruit est une partie de la grandeur des princes ; plus il y a de bruit autour d'eux, plus il y a de grandeur. Tandis qu'en votre âme, la partie supérieure se conforme à la volonté de Dieu, qu'elle écoute ses saintes inspirations et tâche de faire son devoir, laissez hardiment les passions, les craintes, les battements de cœur, les appréhensions, les horreurs du péché, mille extravagantes terreurs, faire là-bas ce grand vacarme qui vous émeut. Ne prenez pas seulement garde à toute cette canaille ; ne vous troublez pas de ce bruit. Cette troupe de passions et de pensées indignes ne vous saurait faire de mal, tandis que votre volonté et votre cœur parlementeront avec Dieu et essayeront de faire ce qui lui est agréable.

Voilà pour ce qui concerne la crainte du péché.

L'autre martyre que l'on souffre dans

l'abandonnement (soit celui qui est causé par la maladie, soit par suite des aridités et des sécheresses), c'est de ne pouvoir prier, ni élever son cœur vers Dieu, ni sortir d'une si totale défaillance, qu'il semble qu'on ait complétement perdu l'intelligence et le sentiment. C'est alors qu'on expérimente tristement ces paroles du prophète-roi : Je suis devenu semblable au cheval et au mulet, animaux privés de l'entendement.

Oh ! que ce tourment engendre de tourments ! Mon cœur, dit encore David, m'a trahi et s'est comme enfui de moi ; la lumière de mes yeux s'est éclipsée ; ma force est devenue pareille à une tuile consumée par le feu ; je suis tombé dans la profondeur de l'abîme, et l'orage m'y a enseveli. Tous mes os sont brisés par la douleur, et toute ma vertu m'a abandonné !

O Dieu, puisque cette vertu me fait défaut

et me délaisse, vous, douceur du paradis, ne me délaissez pas!

L'Évangile a bien remarqué que Notre-Seigneur recommença par trois fois la même prière au jardin des Oliviers. Ce n'est pas qu'il n'en pût dire d'autres et de mille manières différentes, très-tendres et très-puissantes, mais il voulut montrer l'extrémité de sa déréliction et de son agonie, comme si l'excès de la souffrance lui eût enlevé la parole, et ne lui permît pas de trouver d'autres expressions. Et à peine peut-il entr'ouvrir les lèvres pour demander du secours à son Père.

Sainte Catherine de Sienne passa environ deux ans en une telle extrémité, et dans un abandonnement si terrible, qu'elle ne pouvait trouver aucune satisfaction dans aucune chose. A peine pouvait-elle réunir ses pensées, rassembler les termes de ses prières, et faire quelque chose de ce qu'elle

avait coutume d'accomplir. Nous sommes
si misérables que nous ne savons ni agir
quand il faut, ni souffrir comme il faut, ni
rien faire qui soit bien pur et sans re-
cherche de nous-mêmes. Mais, dites-moi,
où avez-vous appris que Dieu vous demande des prières, quand il vous met dans
cet état de grand délaissement? Qui vous a
fait savoir qu'il attend de vous, étant malade, des prières égales à celles qu'il en
désirait tandis que vous étiez en bonne
santé? Voulez-vous donc renverser l'ordre
de sa très-sage conduite? Il veut que vous
souffriez, et vous voulez agir? Et sous cou-
leur de dévotion, vous voulez éviter la pure
souffrance? Ah! la belle prière que bien
souffrir pour Dieu! Ah! la dévotion éminente et divine de ne rien dire à Dieu, et
de porter dans un silence intérieur et extérieur la croix qu'il nous donne! Si votre
bouche ne peut rien dire, que vos yeux

parlent au Seigneur; s'ils ne peuvent verser des larmes, faites parler votre cœur par ses soupirs et ses sanglots; si votre cœur est muet et insensible, faites parler votre silence. C'est ainsi que Moïse se tenait autrefois devant Dieu, l'âme serrée de tristesse et les lèvres sans mouvement.

— Moïse, Moïse, lui dit alors le Seigneur, pourquoi cries-tu si haut? Pourquoi pousses-tu ta voix jusques au ciel?

Et cependant le conducteur des Israélites ne disait pas un mot, mais sa douleur parlait pour lui; son silence résonnait dans les cieux, sa patience lui servait d'oraison, et les flèches ardentes de sa muette prière, atteignant le cœur de Dieu, en remuaient la divine commisération.

Enfin, si votre souffrance ne se fait pas suffisamment entendre, votre ange gardien priera très-volontiers pour vous. « Quand tu quittais ton repas pour porter un mort sur tes épaules, disait Raphaël à Tobie, le cacher dans ta maison, et qu'ensuite tu l'ensevelissais pendant la nuit, je présentais ta prière au Seigneur. » Cependant, en se livrant à ces saintes œuvres, Tobie ne parlait point; mais l'ange parlait à Dieu pour lui, et tous les anges en feront autant pour vous, quand votre cœur et votre bouche seront devenus muets de douleur. La Vierge Marie prendra la parole en votre faveur, pauvre âme : « Hélas, mon fils, dira-t-elle, *ils n'ont point de vin ;* ils n'ont que l'eau amère des larmes que la désolation fait verser; ils ne sauraient ni n'oseraient vous dire un mot. Je suis leur avocate et leur bonne mère. Seigneur, mon doux Fils, changez cette eau en vin d'amour et de mâle courage, dans ces noces sacrées où le cœur épouse la pure souffrance; changez l'eau de leur tristesse en vin céleste et en divines consolations. »

Saint Jean nous assure que Jésus-Christ même est notre avocat, et qu'il ne cesse jamais de parler pour nous à son Père. Laissons-le dire, et contentons-nous seulement de répondre : *Amen!* Son éloquence est assez puissante pour tout nous obtenir. Mais quand tous ces secours nous manqueraient, ne savons-nous pas ce que le roi David nous dit du cœur maternel de Dieu le Père? Il prévient, dit-il, nos prières; il entend le silence de nos cœurs; il fait la volonté de ceux qui le craignent, et il exauce leurs demandes avant même qu'ils les aient proférées. A peine, ajoute-t-il, avais-je ouvert la bouche que j'étais déjà exaucé.

C'est ce Dieu tout-puissant des sains et des malades, des vivants et des morts, qui écoute avec une grande clémence la prière des premiers, les désirs des seconds et le silence des troisièmes. Hélas! s'écrie en-

core le berger royal, je ne sais plus rien
dire; je ne connais plus rien dans le langage de la maison de Dieu; c'est pourquoi
j'ai résolu de me précipiter dans les
abîmes de la grandeur et de l'amour divins.

Joignez-vous à tout cela; approuvez ce
que disent les saints dans leurs épreuves;
parlez par leurs lèvres; fiez-vous à leur
charité, et du reste calmez votre esprit et
donnez-vous de la tranquillité.

Je lis dans votre cœur que, malgré me
arguments, vous voudriez bien encore ob-
jecter quelque petite chose, tant pour exhaler la douleur qui vous oppresse que
pour attirer sur vous les miséricordes de
notre bon Seigneur. Il faut que je vous
contente. Eh bien, quand vous serez en
cette extrémité, faites comme Jésus-Christ
qui, dans son suprême abandon, ne dit
que trois paroles qu'il répéta toujours :

Pater, non mea, sed tua voluntas fiat. Que ces mots sacrés vous suffisent. Dans votre affliction ils vous vaudront mieux que des contemplations de six heures chacune. Imitez le grand saint Paul, cet homme de cœur, lequel se trouva un jour dans de telles angoisses, que lui, qui faisait peur à la peur même, eut peur néanmoins, et l'avoua : Mes enfants, dit-il, il faut que vous sachiez que j'ai été accablé de tristesse au delà de mes forces et de tout ce que vous pourriez imaginer. Je me suis vu dans une si grande détresse, que j'eusse voulu être mort, tant la vie m'était odieuse et insupportable. Ma consolation est que tout ceci servira à la gloire de Dieu, et que ce moment d'affliction enfantera le poids éternel d'une sublime et incomparable gloire. Et dans cette espérance je me repose en Dieu et me laisse conduire par lui. Dites donc ces trois mots : mal, moment, éternité. Si le second vous semble un peu long, consolez-vous avec l'étendue du troisième. Mille ans ne sont qu'un jour, et le jour un moment, et le moment un rien, quand on compare tout cela à la sainte immortalité. Faites comme saint François, qui, se trouvant dans l'agonie des saints délaissements, chantait des airs du ciel et des hymnes spirituelles, et surtout celle-ci, dont après lui sainte Claire et sainte Angèle enchantaient leurs douleurs :

Que Dieu est grand! que nos maux sont petits!

Et puis encore cette autre :

> La grandeur du bien que j'attends,
> Me rend légers tous mes tourments.

Imitez la désolée Madeleine qui garde le silence et répand des larmes. Une larme partie du cœur vaut mieux qu'un million de paroles sorties des lèvres. Suppléez même aux larmes par un regard expressif vers le ciel, comme ceux des muets quand ils veulent prier le Seigneur. J'ai levé les yeux vers les saintes montagnes, disait David, et, ne pouvant rien dire par le secours de ma langue, j'ai changé mes yeux en une tendre mélodie. J'ai regardé le ciel; et aussitôt j'ai été consolé.

Jamais vous ne serez tellement abattu qu'il ne vous reste la force de tourner vos yeux vers le ciel. Ces regards sont comme des dards qui transpercent le cœur de Notre-Seigneur Jésus-Christ, et il entend bien mieux cet éloquent langage que tous vos discours. Ayez un livre de belles images; maniez-le souvent en les considérant. Il est impossible que leur vue ne soulève quelque bonne pensée dans le fond de votre âme. Jamais le soleil ne brille sur la terre qu'il n'en enlève quelques douces vapeurs, lesquelles, se distillant ensuite en fécondes rosées, font naître des roses et mille autres fleurs ravissantes. En contemplant ces pieuses images comme de beaux soleils, mille soupirs, mille dévotes larmes s'échapperont de votre cœur, et vous serez étonné de voir tomber de vos yeux une rosée qui fera fleurir insensiblement la terre aride de votre âme.

Suivez l'exemple de ce bon ermite dont parle Climaque; il garnissait les murs de sa cellule de belles images, et écrivait dessous ces mots en grosses lettres :

> Humilité profonde,
> Charité très-ardente,
> Obéissance infatigable,
> Patience invincible,
> Fidélité inébranlable,
> Courage toujours triomphant.

Et puis, lisant tantôt l'une, tantôt l'autre, il se disait à lui-même : O mon cher ami, que tu es loin de ces grandes vertus! Quand tu les posséderais toutes, tu devrais dire encore que tu es un serviteur inutile: chétif que tu es, que dois-tu donc penser n'étant rien de tout cela?

Ce saint pénitent pleurait ensuite à chaudes larmes, et charmait ainsi tellement ses peines, que jamais il ne se plaignait. Qui vous empêche d'en user de la sorte?

Quoi! êtes-vous donc si malheureux que vous ne puissiez rien faire de tout cela, non pas même lever les yeux? Eh bien, il faut que vous m'ayez une obligation complète, et que je vous apprenne le moyen de faire miracle en ne rien faisant. Supposons donc que vous n'ayez rien de bon que le cœur, qu'il n'est pas en votre puissance de faire aucun acte de vertu, que vos forces sont entièrement brisées; je veux le croire ainsi pour vous faire plaisir. Or voici le remède.

Naguère il y avait à Paris un homme si brutal, qu'ayant juré qu'il ne jurerait ja-

mais en jouant, il donnait une pièce d'or
à un laquais afin qu'il allât renier Dieu à la
cour et jurer à pleine poitrine pendant que
son maître perdait son argent au jeu. Méchant ! en faisant faire le mal par un autre,
c'était redoubler son péché, et il en faisait
plus en ne faisant rien que s'il eût commis
le mal lui-même. Eh bien, vous, vous ne
sauriez rien faire que jouer avec la mélancolie, le silence et un certain désespoir,
jeu où vous perdez toujours, croyez-vous,
même en gagnant, et où vous vous perdez
vous-même ; puisque donc vous ne sauriez
rien faire, envoyez quelqu'un à Fourvières,
à Liesse, à Verdelais ou ailleurs. Envoyez
aux maisons des serviteurs de Dieu faire
prier pour vous ; envoyez quelqu'un en
votre nom communier à l'église ; envoyez
de l'argent aux pauvres, du pain aux prisonniers, à l'hôpital et aux indigents hon-
teux de votre paroisse. Ah ! les saintes

prières que celles qui se font par les mains! Ah! que les doigts disent bien mieux l'oraison dominicale en donnant le pain quotidien aux malheureux que les lèvres ne la murmurent si le cœur reste étranger à leur mouvement! Mettez, dit le Saint-Esprit, votre aumône dans le sein du pauvre, et elle priera pour vous. Remarquez qu'il ne dit pas lui, le pauvre; mais elle, l'aumône. Et il ajoute : Elle vous délivrera de tous vos péchés. Le vin, le pain, la viande, l'argent, les pierres même parlent si hautement, que leur voix monte jusqu'à Dieu, qui se prête à leur volonté. En ce sens, il est vrai que ce qui est fait par un autre, c'est vous-même qui le faites.

Dans l'Ancien Testament, quand une personne avait péché, Dieu ordonnait qu'elle allât au temple, et qu'elle présentât au prêtre un agneau, une colombe, ou quelque autre victime désignée par la loi.

On ne dit point, d'ailleurs, que le pécheur
dît aucune parole; il mettait la main sur
l'holocauste, ou bien les prêtres seuls pla-
çaient l'offrande sur l'autel, la brûlaient, et
accomplissaient toutes les autres cérémo-
nies prescrites. Le coupable était là qui
regardait en silence; s'il parlait, ce n'était
que dans le secret de son cœur. Tant il y
a que le sacrifice était consommé, le cri-
minel rétabli dans les faveurs de Dieu, et
tout cela sans que souvent il eût prononcé
un seul mot. L'hostie parlait pour lui, la va-
peur s'exhalant du sacrifice faisait comme
évaporer en fumée les iniquités de cet
homme; le feu purifiait son âme, l'offrande qu'il tirait de ses biens faisait sortir
le péché de son cœur avec toute sa malignité; enfin, moyennant qu'il eût la foi
vive, et un certain regret de sa faute et
une vraie dévotion, il était sanctifié sans rien
dire, et justement tenu pour bienheureux.

Ah! s'il ne tient qu'à une pièce de monnaie de cesser d'être misérable, seriez-vous assez malheureux que de craindre de la donner? En sacrifiant une obole, en faisant dire une messe, ou en pratiquant par vous ou par les autres des choses encore plus aisées, vous pouvez alléger vos peines : donc, je cesse de vous plaindre si vous ne le faites pas.

CHAPITRE VII

Rapports des abandonnements de Jésus-Christ avec les nôtres, et comment nous pouvons l'imiter.

Mais je vous entends me répliquer, que ce qui rendait supportable et même aimable l'abandonnement de Notre-Seigneur, c'est qu'il était innocent; qu'il était assuré que Dieu son Père aurait sa peine pour agréable; que tout cela aboutirait à une

grande gloire ; qu'en deux jours tout serait
fini ; que son Père ne le quittait jamais,
quoiqu'en apparence il semblât l'avoir
oublié, et entièrement abandonné. Or,
tout cela vous manquant, c'est ce qui remplit votre cœur de fiel et de l'absinthe
d'une noire mélancolie. La douleur est ingénieuse à trouver des moyens pour se
martyriser, et pour redoubler les peines
d'une pauvre âme qui se laisse tyranniser
par une tristesse demesurée. Vous me tail-
lez bien de la besogne en peu de mots,
mais il faut que je vous arrache toutes ces
épines du sein ; elles vous déchireraient
tout le cœur ; aussi, jespère que Dieu m'ac-
cordera la grâce de vous en délivrer. Commençons : Vive Dieu, et vive votre âme !
Je ne vous quitterai jamais, disait autrefois Élisée à son maître, le prophète Élie.
Vous voulez m'abandonner, continuait-il ;
mais par le Dieu vivant, je ne vous laisse-

rai point. Dites à Dieu, comme ce fidèle serviteur : Eh bien, mon Dieu, vous m'avez donc abandonné ! vous m'avez mis tout à fait en oubli ; me voilà livré à toutes sortes de malheurs. Votre grâce ne luit plus sur mon visage ; votre joie s'est éclipsée de mon cœur ; le bonheur a fait divorce avec mon âme ; et enfin, me voilà le plus misérable des hommes ! Mais, Seigneur, faites hardiment ce que vous voudrez ! déchirez, brisez, foudroyez, anéantissez, perdez même, si vous le voulez, cette infortunée créature ; éloignez-vous de moi : quand vous m'auriez tué cent fois, damné mille, et fait pis encore, s'il est possible de faire plus de mal à une âme que de lui ôter son Dieu, néanmoins, croyez, ô très-doux Maître, que je ne vous laisserai jamais ! Toujours vous me verrez à vos pieds, vous demandant miséricorde. Je changerai l'enfer en paradis par mes larmes et par mon humilité. Je ferai comme Moïse ; je vous contraindrai à changer votre arrêt. Je vous lierai les mains ; j'éteindrai les flammes de vos foudres : que ne ferai-je pas ? que répondrez-vous, douceur du ciel, quand je vous dirai : O bonté infinie, et où sont vos bontés ? Ne suis-je pas votre pauvre créature, l'ouvrage de vos mains ? Voudriez-vous bien, Créateur très-clément, oublier ainsi l'œuvre fragile que vous avez formée ? N'avez-vous pas juré que vous seriez dans mon cœur quand je serais dans la misère ? M'y voilà abîmé ! Je vous rappelle votre parole ; vous démentiriez-vous pour me rendre malheureux ? Quoi ! souverain Seigneur de toutes choses, voudriez-vous employer et déployer toute votre colère contre un vermisseau ? Voudriez-vous exercer l'empire de votre toute-puissance contre une paille séchée et fugitive ? contre une fleur flétrie en s'épanouissant ? contre une

pincée de cendres que le moindre souffle emporte ! contre un cœur coupable qui
se brise du regret de vous avoir offensé
tant de fois, hélas! et si enormément! A
qui me donnerez-vous, si vous m'abandonnez? Pourquoi donc versiez-vous jusqu'à
la dernière goutte de votre précieux sang,
et pour qui êtes-vous mort sur la croix,
douce vie de mon âme, sinon pour les pauvres pécheurs qui réclament vos saintes
bontés? Me voilà implorant vos miséricordes, et vous me quitterez? Malgré mon
cœur et malgré mes pensées, malgré l'enfer et malgré mon malheur, quoi qu'il ad-
vienne, quand vous vous retireriez loin de
moi, mon Dieu, pour jamais j'oblige mon
âme et tout mon être à se donner à vous
sans réserve et sans retour. Oui, tant que
Dieu sera Dieu, je serai tout à lui seul. O
Seigneur, faites ce qu'il vous plaira. Il faut
absolument que je sois à vous ; si votre ri-

gueur me chasse, je me cacherai dans le sein de vos miséricordes; si votre main me meurtrit, je me jetterai dans votre cœur, ouvert sur la croix pour me recevoir. N'avez-vous pas dit que jamais un pauvre pécheur ne s'est converti à vous, sans que vous lui ayez ouvert les bras de votre paternelle tendresse? Qu'est devenue maintenant cette promesse sacrée?

Oh! si je savais, direz-vous, que Dieu eût pour agréable ces souffrances, que je serais grandement soulagé dans mes peines! que mon courage se fortifierait puissamment! Mais je crains que ce ne soit en punition de mes crimes, et que je ne commence mon enfer en ce monde: inquiétude qui ne pouvait tourmenter Jésus-Christ.

Écoutez maintenant ce que je vais vous répondre: Si Dieu voulait nous damner, dit saint Augustin, il ne nous donnerait pas ici tant de peines. Jamais Dieu ne châ-

tie deux fois un même péché; puisqu'il le
punit ici, il ne le punira pas dans l'autre
monde. Si vous n'aviez pas cette crainte
de l'offenser et ce désir de le servir, encore
y aurait-il quelque apparence de raison
d'entrer dans ces frayeurs; mais ayant l'âme
toute remplie de saints désirs, demandant
mille fois pardon à Notre-Seigneur, dési-
rant mieux faire que vous ne faites, voulez-
vous que Dieu vous frappe deux fois, lui
qui préférerait être crucifié de nouveau que
de vous damner une, vous qui êtes pénétré
du désir de le servir tous les jours de votre
vie, de toute l'étendue de votre âme?

Cependant, pour vous contenter, supposons que tous ces maux vous accablent par
un juste châtiment de vos péchés. Faites
de nécessité, vertu; baisez les verges et la
main qui vous corrigent; remerciez la
bonté de Dieu qui daigne penser à vous, et
qui prend la peine de vous châtier pour

épurer votre âme, offrez-vous à lui entièrement et sans réserve ; fiez-vous à sa fidélité, et croyez fermement qu'au plus fort de
sa grande colère, il se souvient de ses miséricordes. Dites avec David : Seigneur,
j'ai péché ; je crie vers vous ; ne me traitez
pas selon mes iniquités ! Aussitôt, il vous
enverra un Nathan qui vous dira de sa part :
Dieu vous a pardonné. Voulez-vous voir,
comme dans un brillant miroir, quels sont
ceux qui commencent ici-bas leur enfer ou
leur purgatoire ? considérez les deux larrons qui étaient suspendus à la croix auprès de Jésus-Christ : l'un et l'autre souffrent ce supplice en punition de leurs
crimes ; mais l'un souffre, blasphème, et se
damne ; l'autre souffre, demande grâce, et
se sauve. Tandis que, dans vos maux, vous
pourrez exhaler quelque soupir vers Dieu,
jeter un regard sur le ciel, vous recom-
mander à Jésus-Christ, n'ayez point de

peur; son infinie clémence ne vous abandonnera jamais, bien qu'il vous semble que vous soyez déjà plongé dans l'abîme.

Rappelez-vous ce que dit ce bon et tendre Sauveur en faveur de Madeleine, et de cette pauvre veuve qui jeta deux petites pièces de monnaie dans le tronc des pauvres; et avec ces consolantes paroles, soutenez votre cœur et calmez vos alarmes.

La chétive veuve croyait en son âme n'avoir rien donné; n'ayant en effet versé dans l'aumônière que deux misérables deniers, et elle s'en allait pleine de confusion peut-être, en voyant que Notre-Seigneur la regardait attentivement. Madeleine avait répandu un vase d'albâtre rempli de parfums sur les pieds de Jésus-Christ, au milieu d'une assemblée qui s'en scandalisait. L'une et l'autre ne pensaient pas avoir fait une action bien méritoire, et qui valût la peine qu'on en parlât. Judas, témoin de cet acte de piété de Madeleine, osa même la blâmer hautement, et ne craignit pas ainsi de blâmer aussi le Seigneur qui avait souffert qu'on embaumât ses pieds et sa chevelure. La sœur de Lazare entendit tout cela sans rien dire; humiliée, tout en larmes, elle ne répondit pas un mot à ces reproches, et remit tout à la conduite du doux Seigneur. Jésus prit en effet sa cause en main, et dit formellement ces paroles : Pourquoi inquiétez-vous cette femme? Je vous dis en vérité, que, partout où sera prêché l'Évangile (et il le sera par tout le monde), on racontera à la louange de cette femme ce qu'elle vient de faire ; car elle a répandu ce baume sur mes pieds pour honorer ma sépulture. C'est ainsi que parla Notre-Seigneur. — Oui ; mais ce qu'a fait Madeleine est peu de chose. — C'est vrai, mais j'en suis content. — Cela ne vaut pas seulement, Seigneur, la peine d'y faire attention. — Soit ; mais je veux qu'on le publie aux quatre coins du monde. — Cependant Madeleine elle-même trouve qu'elle a fait très-peu. — J'y consens, si elle le veut ; mais je trouve qu'elle a fait beaucoup ; aussi, de juge, je deviens son avocat ; au lieu de la reprendre, je la défends ; elle a versé du baume sur mes pieds, j'inonderai son âme de mes grâces ; elle m'a donné des larmes, je lui donnerai mon sang.

La pauvre veuve m'a offert deux deniers de son indigence, je lui donnerai les richesses et les splendeurs de la vie éternelle.

Lecteur, mon cher ami, entendez-vous bien ce discours, et qu'est-ce que le cœur vous en dit ?

Ce qui vous inquiète à cet égard, me direz-vous, c'est que le souvenir de vos péchés vous tourmente et vous persécute si fort, que vous ne sauriez ôter de votre esprit que les abandonnements dont vous êtes accablé sont la punition de vos fautes, et que vous craignez que tout cela n'aboutisse au désespoir et à une fin malheureuse.

Cette frayeur est fille de la mélancolie qui règne maintenant dans votre cœur ; mais je vais vous délivrer à l'instant de cette tyrannie. On présenta au doux Sauveur du monde cette infortunée créature qui avait été surprise dans le péché, et qui n'attendait plus que la mort ; car quelle raison eût-elle alléguée pour excuser son crime ? L'étendue de la terre n'était pas assez vaste pour couvrir sa confusion, et toute l'éloquence des plus habiles orateurs n'était pas assez victorieuse pour l'arracher au supplice.

Quel moyen d'excuser une femme prise sur le fait même de son péché ? L'évidence de son forfait mettait déjà les pierres aux mains des Juifs pour l'accabler sous leurs coups funestes. Comment Jésus-Christ, qui est la justice même, fera-t-il une injustice en sauvant une criminelle que la loi condamne à périr ?

Cette femme coupable ne dit pas un mot ; elle ne demande pas même grâce, tant elle se croit digne de mort ; son cœur est tellement saisi de crainte, son visage si rouge de honte, ses lèvres si fortement serrées, que la parole est tarie, impuissante, et qu'elle voudrait avoir cessé de vivre pour échapper aux regards et à l'indignation de toute la ville de Jérusalem.

Notre-Seigneur se fera-t-il charger de blâme pour cette misérable, que tout le monde juge digne du dernier châtiment ? Au moins pourrait-elle par un soupir témoigner le regret qui lui perce le cœur ! au moins devrait-elle implorer la miséricorde de Jésus-Christ par des larmes ! au moins disposerait-elle ce bon Maître à la compassion en se jetant à ses genoux, les mains jointes !

La voilà comme une statue qui ne parle, ni ne pleure, ni ne soupire, ni ne remue. L'infortunée se tient pour perdue sans aucune ressource, et ne cherche point, inutilement pense-t-elle, à se dérober à la mort. Quand je vois cette femme anéantie, il me semble que je vous vois vous-même dans l'état où vous êtes, ne sachant ni prier, ni gémir, ni raisonner, ni faire chose au monde par quoi vous puissiez calmer vos terreurs et adoucir quelque peu les maux qui vous accablent. Vous voudriez volontiers être déjà mort plutôt que d'attendre de l'être ! Vous vous estimez infiniment misérable ! Mais écoutons la souveraine sentence du divin et débonnaire Sauveur. — Femme, où sont vos accusateurs ? Personne ne vous a-t-il condamnée ? — Personne, Seigneur.

— Je ne vous condamnerai pas non plus. Allez, et ne péchez plus désormais. Allez en paix ; je ne suis pas venu pour perdre les pécheurs vivement touchés de leurs fautes. Si l'homme ne se condamne et ne se désespère lui-même, je n'ai garde de le damner, moi qui suis venu donner mon sang et ma vie pour sauver les âmes, quand je ne devrais n'en racheter qu'une seule !

Il me semble donc que vous, cette pécheresse et David, vous dites à Dieu : Seigneur, j'ai été comme réduit au néant ; j'ai été semblable à l'animal stupide, ne sachant rien dire ; mais pourtant je me suis toujours tenu près de vous. Vous m'avez pris par la main droite, et vous avez daigné me conduire à votre gré. Pour moi, je n'ai su ni agir, ni parler, ni rien faire que m'abandonner à votre divine direction. Ma consolation est que, tel que je suis, je suis dans la main de mon Dieu !

Dans un autre psaume, le prophète dit encore : Pour moi, je ne connais pas le langage du ciel ; je suis incapable de toute chose ; mais je me suis jeté dans l'abîme des miséricordes du Seigneur ; voilà mon repos et ma demeure. Que les autres fassent des miracles ; qu'ils prêchent, qu'ils prient, qu'ils soient ravis en extase, qu'ils disent des paroles d'or et tout ce qu'ils voudront ; pour moi, je souffre avec patience ; je ne refuse rien, je ne désire rien, non pas même faire des prodiges, ressusciter les morts et sauver tout l'univers. Tout mon désir est de n'en avoir point d'autre, que celui d'être sous la conduite du Maître souverain de la terre et du ciel.—Le Seigneur, s'écrie le saint roi, le Seigneur est ma lumière et mon salut, que craindrais-je ? Dieu est le protecteur de ma vie, qui donc me fera trembler ? Il assure que quiconque me blesse, le blesse lui-même à la prunelle de l'œil ; après cela de quoi donc me mettrais-je en peine ?

— Oui, mais les autres travaillent et font mille bonnes œuvres. — Il est vrai ; et moi, je souffre.

— Ils vont et viennent ; ils se font admirer par des actions éclatantes. — Il est vrai ; et moi, je souffre.

— On ne saurait dire le mérite qu'ils acquièrent servant et obligeant un million de personnes. — Vous dites vrai ; et moi, je souffre.

— Ah ! qu'ils manient d'affaires importantes à la gloire de Notre-Seigneur ! — Tout ce que vous dites est vrai ; et moi, je souffre. Je vous dirai plus encore ; c'est que, si on les mettait au choix de faire ce qu'ils font, ou de souffrir ce que je souffre ; indubitablement, ils aimeraient mieux agir comme ils le font, que souffrir ce que je souffre.

Dans l'action on a mille satisfactions, et souvent le plaisir dérobe le mérite, puis cela n'aboutit qu'à une bouffée de vent et de vanité; mais dans la pure souffrance, on n'a d'autre recours que Dieu; tous les moments sont précieux et remplis de fruits de salut. C'est ce que veut dire saint Jacques, quand il écrit que la patience rend les œuvres parfaites; et c'est ce que Notre-Seigneur disait aussi à ses disciples : par la patience vous posséderez vos âmes. Dans l'action souvent c'est l'orgueil, le divertissement, l'ambition, ou quelque autre passion, tyran de nos âmes, qui nous meut et nous fait agir ; mais dans la pure souffrance, c'est Dieu seul qui domine nos cœurs, et nos cœurs ne possèdent que lui.

Étant ainsi sur la croix du bon larron et de la pure et bonne souffrance, on entend une voix secrète qui dit au fond du cœur :

Aujourd'hui vous serez avec moi dans les délices du ciel.

N'est-ce pas là trouver, dans la gueule du lion et de la mort, un véritable rayon de miel du paradis ?

Voulez-vous avoir l'exemple d'une âme qui a imité Jésus-Christ très-parfaitement dans ses délaissements extrêmes? Écoutez à ce sujet une chose qui vous consolera infiniment. La bienheureuse Catherine de Gênes, cette âme d'élite, ce cœur si précieux et si pur devant Dieu, éprouvait une si étrange tristesse, que tout lui était devenu insupportable. Dans l'excès de cet abandon, elle demande au Seigneur, par les mérites de saint Benoît son patron, d'obtenir une fièvre très-ardente de trois mois entiers, dans le but d'attirer sur son corps les peines de son esprit, et d'être ainsi délivrée de ses terribles douleurs intérieures. — Mais, faisons mieux encore, mon doux amour, disait-elle à Dieu, — envoyez-moi cette fièvre, et ne me délivrez pas des souffrances de l'âme, quelque insoutenables qu'elles paraissent, nous en viendrons à bout, et je me promets cela de votre ineffable clémence, à laquelle je me fie entièrement, tandis que je me défie complétement de mes propres forces.

Et, poussant son amour jusqu'à l'héroïsme, cette généreuse servante du Seigneur appliquait des fers ardents sur sa chair pour se distraire, par le tourment du feu, des autres tourments intérieurs qu'elle jugeait bien plus horribles et plus cruels encore pour son cœur.

Cela n'est point imitable, et non-seulement je ne vous le conseille pas, mais je vous le défends de toute mon autorité ; c'est assez que vous admiriez les saints excès de cette âme privilégiée et les peines qu'elle soutenait dans ses dérélictions, puisqu'il fallait les adoucir avec des remèdes qui étaient des martyres et des purgatoires de son pauvre corps.

Vous voyez donc que les saints ont eu votre mal, et plus grand que le vôtre ; vous voyez qu'ils ont senti bien vivement ces épreuves ; vous voyez quels moyens ils ont mis en action pour les vaincre, et comment enfin ils en ont triomphé : tant il est vrai que Dieu proportionne les remèdes aux maux qu'il nous impose. Que direz-vous si j'ajoute que ces grandes peines étaient une des principales pièces de leur sainteté, et si j'avance que sans elles il est possible que jamais ils n'eussent été saints, ou du moins de tels saints ?

Ah ! que nous aurons de joie au fond du cœur, ô sauveur Jésus, quand vous aurez daigné nous abîmer dans les confusions d'une humiliation très-profonde ! Catherine disait encore une parole qui mérite bien d'être rapportée ici : Si j'étais dans le centre des enfers, et qu'il ne fallût que le plus léger péché du monde pour m'en arracher, j'aimerais mieux mille fois y rester à jamais, que de commettre cette légère faute. Et dans l'horreur de ses plus terribles tourments elle s'écriait : O amour, laissez-moi ici ! Me voici à ma place. Hors d'ici, je ne serais pas où vous me voulez. O mon cher amour, que je suis contente dans ces amoureux mécontentements !

Une puissante, solide et incomparable consolation se trouve dans ces mots du grand Apôtre : Dieu est fidèle ; il ne permettra jamais que vous soyez tenté au-dessus de vos forces. Ainsi il vous fera tirer des forces mêmes de votre faiblesse, de la gloire de vos abaissements, et sa sainte bonté changera le fer de vos douleurs en or de pure et glorieuse charité. Il vous dira, comme à ses disciples : Mes enfants, votre cœur est maintenant rempli d'une grande tristesse ; mais réjouissez-vous, car cette tristesse sera changée en joie, et personne ne vous ravira votre joie.

Reprenons le mot de saint Paul, et gravons-le bien avant dans notre cœur. Dieu est si fidèle et il équilibre si parfaitement nos maux et nos forces, que jamais il ne nous donnera un grain de souffrance qu'il ne nous accorde en même temps un grain et demi de courage. Or, tenez cela pour assuré et si certain, que le ciel et la terre passeraient, avant qu'une seule lettre manquât à la parole divine, ni que jamais le Seigneur oubliât ses promesses. Dieu a juré qu'il vous assistera, que jamais il ne vous surchargera, que tout aboutira à votre éternel honneur, qu'il connaît vos forces et jusqu'où vous pouvez arriver, qu'il vous aime comme son cœur, qu'il désire plus votre salut que vous-même. Il sait mieux ce qu'il vous faut que vous; il a plus d'amour pour vous que vous-même; dormez donc en repos sur son sein paternel; appuyez-vous sur sa fidélité qui ne manque jamais; jetez les yeux sur l'éternité qui vous attend, et dites: Dieu et moi, moi et Dieu, ah! nous sommes trop forts! Jamais le cœur qui est appuyé sur son Dieu ne s'ébranle; ou s'il s'ébranle, il fait comme le soleil qui paraît tourner incessamment, et qui cependant ne change jamais de place. Ainsi l'âme semble se mouvoir et comme tourner au souffle des épreuves, mais elle ne sort jamais de sa place qui est dans la sainte volonté de Dieu.

Il faut croire que l'invincible fidélité du Seigneur agira à votre égard comme elle le fit à celui de Job; car, ayant laissé toute latitude à Satan de tenter et d'éprouver ce juste, elle ne lui permit pas cependant d'attenter à sa vie, d'entamer son âme; de

sorte que le mauvais esprit ne pût pas lui
faire commettre même un péché véniel.
Cette même fidélité donnant comme mainlevée aux douleurs pour nous accabler, ne
permet jamais que nous soyons contraints
à faire la moindre faute ; tant s'en faut,
que plutôt il est véritable qu'on ne fait jamais ni plus de bien véritable, ni de plus
pures actions de vertu qu'en cet état pitoyable, où il nous semble que tout est
perdu. Le souverain remède, c'est de faire
comme Notre-Seigneur ; quand l'impatience nous presse, et que la nature se fâche de souffrir, il faut dire comme le divin
Maître à saint Pierre qui voulait le délivrer
de l'épreuve : Ne veux-tu pas, Simon, que
je boive le calice que mon Père m'a donné ?
Dites-vous aussi à vous-même : Eh bien,
cœur lâche et révolté, ne veux-tu pas boire
le calice que Dieu ton père te donne ? Ou
bien encore : Allons, mon pauvre cœur,

prenons cet aimable calice, de la divine main de ce bon Dieu qui l'a bu le premier pour nous, misérables pécheurs !

Vous serez ensuite tout étonné de sentir des larmes abondantes couler de vos yeux, et d'exhaler de tendres soupirs, parce que vous aurez trouvé une sorte de paradis dans ce purgatoire. Alors vous direz avec les saints : à mesure que les souffrances ont abattu mon corps, les douceurs du ciel ont enivré mon âme et l'ont délicieusement consolée ! A proportion que la passion de Jésus-Christ et ses maux se sont multipliés en moi, les joies divines se son emparées de mon cœur et l'ont transporté d'allégresse !

Jamais Dieu ne frappe d'une main qu'il ne console de l'autre. Toute sa colère n'est que miséricorde. Ayez encore un peu de patience, et vous le confesserez de votre propre bouche. Quand le Seigneur, dit

Isaïe, se met dans une grande fureur, ne vous effrayez pas, car aussitôt son courroux se convertit en bonté, et il nous couronne de ses miséricordes.

Mais encore, pour imiter Jésus-Christ, que faut-il faire, quand on ne peut rien faire, et quand on est dans la rigueur d'un tel abandonnement, qu'on ne saurait prononcer une bonne parole et qu'on a le cœur tout plein d'épines et de pensées noires? Que dis-je? non-seulement noires, mais qui sont même des blasphèmes horribles contre Dieu et sa sainte mère ! Le moyen de marcher tranquille, quand on ne rencontre que des rochers et des précipices ? Le moyen de vivre en repos, quand on se voit ainsi mourir dans des tourments si cruels?

C'est une chose singulière que vous en reveniez toujours là, et que vous ne vouliez pas comprendre, une fois pour toutes, qu'il

y a un temps d'agir et un temps de souffrir; qu'il ne faut pas troubler l'ordre de
l'éternelle Providence de Dieu; que Dieu
ne vous demande à l'heure qu'il est presque nulle action, mais une pure et fidèle
souffrance. Qu'il se contente qu'à toutes
les questions qu'on vous fera, vous ne ré-
pondiez jamais autre chose que ceci : Je
souffre, et fait assez qui ne fait que souffrir. Qui souffre tout ce que Dieu veut, fait
aussi ce que Dieu veut. Quand Dieu voudra
que nous agissions, aussitôt nous mourrons
à la peine, ou nous ferons tout ce que sa divine bonté nous ordonnera ; maintenant
toute mon action n'est que souffrance. Dieu
n'a que faire de nos actes et de nos plus
grandes œuvres; l'essentiel, c'est d'accomplir ses adorables volontés. Je m'étudierai
donc à les faire, en ne faisant rien que de
porter doucement mes petites peines. Ah!
Seigneur, que mes péchés en méritent de

bien plus grandes! Mais sa douce clémence épargne ma faiblesse : son saint nom soit béni dans toute l'éternité!

On dit que parmi les anges, les uns sont assistants et ne bougent presque jamais d'auprès de Dieu, recevant sans cesse les impressions de la divinité; les autres descendent sur la terre pour y accomplir toutes les missions dont les charge le Seigneur. Eh! pourquoi donc dans l'Église militante cet ordre ne serait-il pas gardé aussi bien que dans l'Église triomphante? Pourquoi, parmi les âmes, les unes ne seraient-elles pas employées à l'action et les autres à la souffrance, afin qu'ainsi toutes deviennent des anges et de sublimes Séraphins ?

Au reste, prenez ce diamant des sacrés abandons, et enchâssez-le dans votre cœur; il sera comme un merveilleux talisman qui vous guérira des folles frayeurs dont vous êtes persécuté. C'est une chose inouïe (écoutez bien mes paroles), c'est une chose inouïe dans la sainte maison de Dieu, et dans la conduite de la divine Providence, *que jamais une bonne volonté soit damnée.* Il n'y a point de damnation, dit l'Apôtre, pour ceux qui sont en Jésus-Christ, et qui ne marchent pas selon la chair. Or, qui est en Jésus-Christ, sinon celui qui fait sa sainte volonté? Celui qui n'écoute point les lois que la nature et son impatience lui prescrivent, mais qui suit entièrement les ordres de la Providence du ciel? Ayez bonne volonté, dit Gerson, et ne craignez point d'être damné.

Je lis dans votre cœur ce que vous mourez d'envie de me dire, à savoir, qu'on dit tous les jours, et que les saints eux-mêmes l'assurent, que l'enfer est plein de bonne volontés. Déjà êtes-vous aussi savant pour vous rendre malheureux? Êtes-vous donc assez ingénieux pour trouver des passages par où vous puissiez vous introduire pour aller en enfer, ou du moins pour vous plonger dans un labyrinthe de maux? Mon cher ami, vous avez mal lu; mais je vous dis bien mal! Jamais bonne volonté n'entra en enfer, et il n'y en entrera jamais, je vous l'assure. Si vous disiez que l'enfer est plein de faibles volontés, de faibles velléités, ainsi qu'on les nomme; de volontés imparfaites et très-lâches; de volontés qui voudraient avoir le paradis sans rien faire; de volontés qui croient être bonnes, mais qui sont folles, pleines d'amour-propre; volontés de gens insensés qui eussent eu bonne envie de passer sur la terre le temps le mieux possible, et qu'on leur donnât ensuite le ciel à bon marché. C'est comme si vous disiez que la boutique d'un orfévre, qui est un voleur et trompe les chalands, est pleine d'or et de pierreries. Si vous ne regardez les bijoux qu'à l'apparence et au faux brillant de la dorure; si vous prenez le cristal pour le diamant, et le verre pour la pierre précieuse, tout est plein de magnifiques joyaux; mais ce sont les ignorants qui sont attrapés par cet aspect trompeur. Un habile homme connaît toute cette fausseté, et ne s'y laisse point prendre. L'enfer, dites-vous, est plein de bonnes volontés; ah! que si elles eussent été bonnes, elles n'auraient pas été condamnées aux flammes éternelles! Mais ce n'étaient que des happelourdes (1). Elles n'avaient que l'éclat et le nom de bonté ; elles étaient remplies de malice; ce n'était que pure tromperie. Voulez-vous que Dieu damne les bonnes volontés, puisque ce n'est qu'à la dernière extrémité qu'il damne les mauvaises ; et qu'il n'a laissé au monde

(1) Pierre fausse qui a l'apparence d'une pierre précieuse.

qu'un seul péché irrémissible, l'impéni-
tence finale?

Quand un homme veut mourir dans sa
mauvaise volonté, et qu'il s'opiniâtre dans
sa méchanceté diabolique, le salut n'est
pas possible; et encore Dieu poursuit avec
une longanimité incroyable cette volonté
rebelle, et temporise tant qu'il peut pour
la briser et la transformer en une bonne
disposition.

Quand le doux Seigneur Jésus était sur
la croix entre deux larrons, il fit tant qu'il
en gagna un, et lui donna le paradis à
l'heure même, comme pour affriander
l'autre et l'attirer à lui. Que ne fit-il pas
pour le convertir et pour le sauver? Non,
non, ne dites plus cela que l'enfer est plein
de bonnes volontés; elles étaient mécham-
ment bonnes, traîtreusement bonnes, faus-
sement et diaboliquement bonnes : bonnes
comme celle de Judas qui veut trahir son

maître, et puis avoir au bout les délices du ciel; bonnes comme celle de Lucifer qui veut que Jésus-Christ l'adore, puis se faire Dieu à la place du Verbe divin; bonnes comme celle d'Absalon qui veut tuer son père pour être roi de la terre bénie du ciel; bonnes comme celle de Caïn, qui veut être le préféré de Dieu en donnant la mort à son frère Abel; bonnes, en un mot, comme celles de tant d'autres qui étaient des volontés détestablement bonnes. C'est blasphémer la bonté infinie, dit un saint personnage, de croire que Dieu damne jamais un homme qui vit et qui meurt avec la bonne volonté de se sauver.

CHAPITRE VIII

Quelle est la bonne volonté véritablement bonne.

A quels signes reconnaissez-vous la bonne volonté? allez-vous me dire; car tout le monde croit l'avoir, et quel serait l'esprit satanique qui ne voudrait pas enfin être sauvé? Ma grande consolation sera que vous vouliez bien me fournir des marques moralement certaines d'une bonne volonté.

— Puisqu'il en est ainsi, renouvelez votre attention; ouvrez votre cœur, soyez de bonne foi, sans vouloir faire le scrupuleux et le pointilleux. Si vous croyez, dit Isaïe, vous comprendrez; autrement, non. Et pourquoi non? — Ceux qui sont droits ont un entendement clairvoyant, et aussitôt ils saisissent ce qu'on leur dit; mais ceux qui aiment à argutier et à contredire, ont toujours leur esprit comme interdit, enveloppé qu'il est dans les ténèbres. Voici donc à peu près les caractères d'un homme de bonne volonté, du nombre de celles à laquelle on promet et on donne le paradis:

1° Cet homme aimerait mieux mourir de dix mille morts, que de commettre un seul péché mortel avec connaissance et de sang-froid.

2° Il serait très-affligé de faire un péché véniel réfléchi ; et quand il lui en échappe quelqu'un, il en a une grande douleur.

3° Il n'a qu'une seule frayeur, qui est de perdre le paradis, et d'être privé à jamais de la vue de Dieu.

4° Il fait souvent des actes de contrition pour demander pardon à Dieu de ses fautes passées ; il se propose souvent de s'amender, et recommence fréquemment à faire mieux.

5° Il se défie entièrement de lui-même ; se confie et s'abandonne absolument à Dieu.

6° Il prend en bonne part les remontrances qu'on lui fait de ses fautes ; ne se fâche point contre ceux qui lui donnent quelques bons avis ; mais avec un esprit judicieusement simple, et simplement ju-

dicieux, il fait son profit des avertisse-
ments; et avec un cœur souple et humble,
croit aisément le mal qu'on dit de lui, et
aime bien mieux en croire trop, que d'en
croire trop peu.

7° Il souffre volontiers, selon la raison et
la partie supérieure de l'âme, les maux qui
lui arrivent; pense en mériter encore davantage, et rend grâces à Dieu de tout.

8° Il prend conseil des sages avant d'agir
et n'est pas trop attaché à ses propres pensées, se donnant garde de tomber dans le
piége où donnent malheureusement trop
de spirituels qui deviennent mutins et opiniâtres en leurs propres jugements, parce
qu'ils se fient trop à leurs bonnes inten-
tions et à leurs lumières. C'est ainsi que de
grands personnages sont souvent tombés
dans une grande ruine. Une bonne volonté
humble et simple, fait grand état du jugement des autres dans tout ce qui la con-

cerne, et le préfère à son propre jugement.

9° Il ne veut que ce que Dieu veut, et ne veut vouloir, ni pouvoir vouloir autre chose ; soumet sa volonté à celle du Seigneur, aime ses ordonnances, même contre son propre goût ; enfin il est comme David un homme selon le cœur de Dieu, qui ne désire en toute chose que son adorable bon plaisir.

10° Cet homme donc, au fond du cœur et dans les hauteurs de l'âme, ne respire et ne désire que Dieu, malgré mille tentations de blasphème et de pensées mauvaises, malgré mille peines intérieures, mille embarras d'esprit, mille impatiences et petits désespoirs ; mille persécutions du démon ; mille infidélités peu considérables ; malgré, dis-je, tout ce tumulte au fond du cœur, il ne désire que Dieu ; il ne craint rien sinon de l'offenser et de tomber dans quelque légère faute.

11° Si vous n'aimiez bien Dieu, si vous n'aviez bonne volonté, si vous ne respiriez le ciel et la vertu, si vous ne désiriez ardemment votre salut éternel, pourriez-vous avoir ces peines intérieures, ces frayeurs de déplaire à Dieu, ces terreurs d'être damné, ces impatiences d'être impatient, ces dépits de vous être dépité, et toute cette tristesse qui est une marque évidente de la délicatesse de votre conscience et de la bonté de votre cœur? Voulez-vous que Dieu perde une âme qui ne redoute rien tant que d'être perdue, qui n'a d'autre regret que d'offenser son Seigneur, qui ne souhaite d'avoir que la vertu et la persévérance, qui ne cesse d'importuner le ciel par ses cris, par ses larmes, par ses demandes de pardon ; qui aimerait mieux être livrée aux flammes, que de commettre volontairement un péché grave ; qui essaye de faire ce qu'on lui dit pou gagner le ciel, qui ne se plaint que de sa misère, et qui voudrait souffrir le martyre pour Jésus-Christ? Si cela n'est avoir bonne volonté, de grâce, qu'est-ce donc qu'une volonté bonne? Et si Dieu ne sauve cela, en vérité que voulez-vous qu'il sauve?

12° Désirer avoir la bonne volonté, c'est un bon signe qu'on la possède; se plaindre qu'on n'a point de patience, c'est signe qu'on en a et de la bonne, mais elle est cachée au fond de l'âme; ressentir une vive douleur dans la crainte de manquer de contrition, c'est une marque qu'on l'a reçue du Seigneur, tandis que, l'ignorant, on la cherche. Dites donc avec saint Augustin : Hélas, je la cherchais au dehors, et elle était au dedans! J'allais bien loin à la poursuite de mon souverain bien, et je le portais dans mon sein et dans le secret de mon âme!

13° Pour être infailliblement certain que

votre volonté est bonne, mettez-la dans celle de Dieu ; car il mettra aussitôt la sienne dans la vôtre, et dans cette heureuse union, soyez sans crainte. C'est ainsi que dans sa plus haute perfection Jésus-Christ disait à son Père : Mon Père, que votre volonté se fasse et non la mienne. Et saint Paul : Seigneur, que voulez-vous que je fasse ? On ne lui répondit point ce qu'il fallait qu'il fît à ce moment, mais peu après le Seigneur commanda à Ananie de l'instruire, de lui donner le baptême, et de lui dire combien il aurait à souffrir pour le nom de Jésus.

L'âme de bonne volonté est contente de tout ce que Dieu fait d'elle, et entre en toute rencontre dans les sentiments du Seigneur : c'est là un signe évident que sa volonté est très-bonne. Ne vous souvient-il pas de ce pauvre ignorant, qui donna un jour à un grand théologien le moyen d'être toujours content? — J'ai cette ferme croyance, dit-il, que Dieu fait tout pour le mieux : tout ce qui m'arrive, je fais mon compte que c'est lui qui me l'envoie, et cela venant de si bonne main, pourquoi le trouverais-je mauvais? Je fais état d'être un roi, tout manant que vous me voyez; car j'ordonne à toutes mes puissances de ployer sous les lois du Seigneur, et je veux que mes passions m'obéissent en cela et en toutes choses, sans être assez hardies que d'y contrevenir. Je m'accoutume à louer Dieu de tout, et du bien et du mal, car de la sorte, le mal m'est un grand bien. Il m'a promis qu'il aurait soin de moi, pourquoi donc ne le laisserais-je pas faire?

— Mais, dit le théologien, s'il vous abîmait dans un gouffre, voire même dans celui de l'enfer? Eh bien ! que deviendraient votre confiance si parfaite et votre bonne volonté de trouver excellent tout ce que fait Dieu?

— Je répondrai à cette supposition, repartit le saint mendiant, que j'ai deux bras qui me serviraient bien dans une occasion pareille : le premier est celui d'une profonde humilité dont je m'attache à Jésus-Christ; le second est celui d'une ardente charité dont j'embrasse Dieu même. Si donc il m'envoyait en enfer, je ne laisserai pas que de l'y porter entre mes bras; et j'aime bien mieux être en enfer avec Dieu et en faisant sa volonté, qu'au ciel sans lui et en faisant la mienne.

Faites descendre saint Michel du paradis, pourrait-il parler plus admirablement que ce pauvre homme?

15° On a la bonne volonté, lorsqu'on ne laisse pas de faire les bonnes œuvres accoutumées, nonobstant les ennuis et les dégoûts qu'on y éprouve; alors même qu'il nous semble qu'on nous arrache la langue et les bras quand il s'agit de prononcer une bonne parole, ou de faire la moindre pieuse action. Tenez pour assuré que c'est là la marque indubitable d'une bonne volonté, et il est fort possible que dans ces efforts que vous faites pour accomplir vos exercices habituels, vos actes sont plus purs et plus méritoires qu'ils ne l'ont jamais été. Pourquoi donc vous fâchez-vous?

16° La plupart des personnes chrétiennes s'imaginent qu'on possède la bonne volonté, quand on a une forte patience, une grande vertu, quand on ne sent plus les piqûres du mal, et qu'on ne s'en soucie point pour ainsi dire. Erreur, hélas! Oh! la grande erreur! Les plus saints crient quelquefois plus fort que les autres; ils sentent leurs peines qui les pénètrent jusqu'à la moelle des os et jusqu'au fond de l'âme. Saint Paul arriva jusque-là, comme je l'ai

dit ailleurs; il désirait mourir, tant il était
accablé de tristesse. En quoi consiste donc
la bonne volonté des saints? En ce que
dans leurs peines, de temps en temps, ils
louent le souverain Créateur; qu'ils se con-
forment à son divin vouloir; qu'ils adorent
les conseils de sa Providence; qu'ils ne
voudraient pas commettre le plus léger
péché véniel pour être délivrés du mal qui
les tue; qu'ils s'estiment trop heureux de
pouvoir imiter la passion du bon Jésus
leur maître; qu'ils pensent que leurs péchés méritent bien de plus cruels châti-
ments; qu'ils s'humilient devant Dieu, et
se résignent à tout ce qu'il pourra leur envoyer; et qu'enfin, s'il leur échappe quelques petites impatiences, s'il sort de leur
bouche quelques paroles imparfaites presque sans qu'ils y aient pensé, ils en de-
mandent tant de pardons, ils en font tant
de pénitences, qu'on peut quasi dire d'eux

ce que l'Église chante si solennellement du crime d'Adam : Oh ! véritablement très-heureuse la faute qui a attiré après elle un tel Sauveur des hommes ! heureuse, parce qu'elle a été suivie de torrents de grâces et de miséricordes ! De même, que vous en semble ? Ce serait bien la raison, n'est-ce pas, que Dieu vous demandât conseil pour savoir ce qu'il doit faire de votre personne ?

CHAPITRE IX.

Comment on doit faire pour avoir et pratiquer cette bonne volonté.

Si vous n'êtes pas comme des petits enfants, vous n'entrerez jamais dans le royaume des cieux, disait le béni Sauveur de nos âmes. Quand une mère désire que son petit enfant vienne se jeter dans ses bras, elle envoie des serviteurs déguisés et masqués, qui courent après ce pauvre petit comme s'ils voulaient le saisir et le tuer. Cependant, ils n'ont nulle envie de lui faire aucun mal; mais, seulement, ils veulent lui faire peur, afin de le contraindre à se réfugier dans le sein de sa mère qui l'attend à bras et à cœur ouverts, et l'étreint avec tant d'amour, qu'on dirait qu'elle veut le cacher dans ses entrailles. Ce petit innocent ferme les yeux, se plonge dans le sein de sa mère, et ne se soucie plus de personne puisqu'il est dans les bras maternels. Tous ces maux qui nous arrivent sont comme les archers de Dieu; à les voir, vous diriez qu'ils vont nous déchirer le cœur; mais, en réalité, ils ne se présentent et ne nous poursuivent que pour nous faire courir dans le sein de la Providence de notre bon Père, qui, lui aussi, nous attend les bras et le cœur ouverts. Jetons-nous dans la blessure béante de ce côté sacré, transpercé par le glaive de son amour; enfonçons-nous, bien avant, dans les entrailles de sa miséricorde ; ne disons rien, si nous voulons; on ne nous y oblige pas; c'est assez d'être cachés dans le sein de Dieu. Le père et l'enfant se parlent plus du cœur que des lèvres; en ne prononçant pas un mot, ils s'entendent mieux que les autres avec de longs et éloquents discours. Reconnaissez qu'en vous-même, vous n'êtes rien; qu'en Dieu, vous êtes tout, et cela étant, vous voilà trop riche. Consolez-vous, car je vous assure que vous êtes en bon état, et du nombre de ces enfants qui, avec la grâce de Dieu, entreront dans le paradis.

Si vous vouliez tourmenter l'impatience elle-même et devenir un grand saint, il faudrait prendre la chose d'un autre côté; défier les peines qui vous accablent, et imiter saint Antoine et saint François Xavier qui, étant persécutés par les malins esprits, frappés et comme écrasés par eux, leur disaient : Venez, venez ; brisez, tuez, massacrez, si Dieu vous le permet ; nous sommes trop heureux de souffrir pour l'amour du doux Jésus, l'unique amour de nos âmes ! Ces courageuses paroles ôtèrent aux lutins le cœur et les bras ; ils ne se sentirent plus l'envie de lutter inutilement et à leur honte, et s'enfuirent, laissant en repos ces saints qui les déconcertaient par leur contenance.

Je sais bien que vous tremblerez en parlant de cette manière ; mais n'importe, dites-le : Je ne fuis point, mon Dieu ; non, je ne fuis point ces peines intérieures ; redoublez ces aridités, ces frayeurs, ces dérélictions, ces martyres jusqu'au jour du jugement si vous le voulez. Non, je ne vous demande point ma délivrance ; c'est assez que je sois à vos pieds pour y vivre et y mourir ; du reste, je méprise tout : je ne demande ni goût spirituel, ni dévotion sentie, ni soulagement, ni consolation, ni rien au monde. Accomplissez en moi toutes vos volontés, et perdez-moi, si vous le voulez, sans que je vous offense ; pour moi, je suis content de tout, et voilà ma résolution irrévocable pour toute l'éternité. Si mes pensées démentent mon cœur, mon cœur dément aussi mes pensées. Voici, ô mon Dieu, mon dernier mot, mon dernier vouloir, c'est que je m'abandonne entièrement à vos saintes volontés, en présence du ciel et de la terre : oui, je veux être tout à vous, dans toute l'étendue des siècles éternels.

Gardez-vous bien, étals dans cette situation, d'essayer à force de grandes pénitences, d'efforts violents de tête de prières contraintes et d'autres pieux excès de vous délivrer de votre mal : ce serait vous tuer pour votre plaisir, et vous rompre la tête sans y rien gagner.

Toute la sublimité de la solide et succulente perfection, c'est d'être dans les bras de la pure souffrance ; de n'avoir qu'un mot bien court, bien vif, et de le répéter souvent, ou de le rouler dans son esprit ; comme ceci, par exemple :

1. O mon Dieu et mon tout !

2. O éternité ! douce éternité !

3. Paradis, quand vous verrons-nous ? beau paradis !

4. Le calice que mon Père me donne, ne le boirai-je point ?

5. O douce croix, amoureuses peines !

6. Ne faut-il pas que Dieu soit mon Dieu, et le souverain Seigneur de mon âme ?

7. Doux Jésus, que voulez-vous que je fasse ? car je suis à vous, oui, tout à vous !

8. Que votre sainte volonté se fasse, ô mon Dieu, et non la mienne.

9. Quand il m'aurait donné cent fois la mort et mille fois précipité dans l'abîme, j'espérerais encore dans ce Dieu qui nous aime si tendrement !

10. Quoi ! mon âme et mon cœur, eh bien, n'obéirons-nous pas au Dieu du ciel et de la terre?

Choisissez d'autres oraisons que celles-ci, si bon vous semble, et contentez votre esprit ; mais ne vous amusez pas à vouloir faire d'autres efforts, car cela est inutile, fort dangereux, et souvent plein de l'amour de soi-même. De même ne pensez pas qu'à force de multiplier les confessions générales, de prendre des disciplines et de vous livrer aux austérités, vous ayez rien avancé, tant s'en faut ! L'expérience montre, au contraire, que tous ces moyens nourrissent et engraissent ces peines à mesure qu'elles affaiblissent le corps. En d'autres occasions cela est bon et saint : dans celle-ci, ce serait fort dommageable et plein de hasards. Saint Ignace, se trouvant dans ces abandonnements, disait qu'il ne mangerait point jusqu'à ce qu'il en fût délivré. Son confesseur le réprimanda et le contraignit à prendre de la nourriture. Ce saint abbé fit mieux qui parlait ainsi : Eh bien, je serai damné, soit; mais ma consolation sera que je le serai pour l'amour de mon Dieu.

Le prophète Michée fait dire à une âme abandonnée des paroles vraiment divines : Quant à moi, je regarderai le Seigneur, j'attendrai Dieu mon Sauveur, qui tôt ou tard m'exaucera infailliblement. Quand je serai assise dans d'épaisses ténèbres, le Seigneur sera ma lumière. Je porterai la colère de Dieu parce que j'ai péché; il me conduira au temps voulu à la clarté de son soleil et je verrai sa justice.

Notez bien ce beau mot : Je porterai la colère du Seigneur. Le prophète ne dit pas qu'il se débattra, qu'il se gendarmera, qu'il essayera de secouer cette sainte colère ou de l'amoindrir par mille efforts : nullement. Il dit simplement : Je la porterai.

Assez ! dit en effet celui qui porte bien sa croix. Oh ! la belle harangue que de ne rien dire des lèvres, et de tout dire du fond du cœur !

Avez-vous jamais bien goûté les paroles de Zacharie quand il fut rempli de l'Esprit-Saint, et qu'il dit : Par les entrailles de la miséricorde divine, le bel Orient a paru sortant comme du cœur de notre Dieu, pour répandre les rayons de sa lumière dans les âmes de ceux qui sont dans les ténèbres et au milieu des ombres de la mort ; pour diriger leurs pas et les conduire dans les sentiers de la paix et dans les voies de toutes les vertus.

Ne vous semble-t-il pas qu'il vous parle, tandis que vous êtes dans l'ombre de la mort, et dans ce cruel abandonnement qui vous rend semblable à un cadavre, incapable de rien faire, et propre seulement à être enseveli dans une bière et descendu dans un tombeau?

Ayez donc encore un peu de patience, et vous verrez se lever le soleil oriental de la grâce, et les joies du paradis fondront dans votre cœur.

Si l'on veut voir, comme dans un parfait miroir, l'état saintement malheureux d'une âme plongée dans le délaissement, il faut lire les lamentations du prophète Jérémie, qui semble être le type de ces âmes désolées dans l'excès de ce douloureux abandon : Je suis, dit-il, un homme voyant sa misère sous la verge de l'indignation. Le Seigneur m'a conduit et amené dans les ténèbres, loin de toute lumière. Il a retiré sa main, et il l'a ramenée sur moi durant tout le jour. Il a fait vieillir ma peau et ma chair, il a brisé mes os. Il a bâti autour de moi; il m'a entouré de fiel et de travail. Il m'a déposé dans les ténèbres comme les morts éternels. Il a bâti autour de moi pour que je ne sorte pas; il a appesanti mes chaînes; et, lorsque j'ai crié et prié, il a rejeté mes supplications. Il a semé ma route de pierres tranchantes, il a détruit mes sentiers. Il a tendu son arc, il m'a fait le but de ses flèches. Il m'a rempli d'amertume, il m'a enivré d'absinthe. Et la paix a été chassée de mon âme, et j'ai oublié la joie, et j'ai dit : Ma force est perdue !

Ne vous semble-t-il pas que c'est à vous et de vous que parle ce saint homme? Mais apprenez aussi de ses lèvres le remède à sa grande douleur : Oh ! que le Seigneur est bon à ceux qui espèrent en lui, à l'âme qui le cherche! Il ne nous a pas rejetés, il aura pitié de nous selon la multitude de ses miséricordes. Heureux celui qui attend en silence le salut de Dieu! Il sera assis solitaire, il se taira, il mettra sa bouche dans la poussière, et il espérera encore. Remarquez ces quatre mots : s'asseoir, souffrir, se taire, s'humilier, en attendant le secours du ciel qui est infaillible.

Vous croyez-vous encore mal partagé, puisqu'on vous traite comme l'un des plus grands saints de l'Ancien Testament? Et puis, si l'on vous disait qu'il vous faut ressusciter des morts, être écorché vivant, entrer en extase, faire des miracles, et enfin braver le mal par un courage invincible, vraiment vous auriez grand sujet de vous étonner et de vous plaindre; mais on ne vous demande rien, sinon que vous soyez assis ou couché, comme il vous plaira; que vous ne disiez mot si vous le voulez; que vous vous humiliiez profondément et que vous souffriez de bon cœur. Aussi bien faut-il que vous enduriez, bon gré, mal gré.

Qu'y a-t-il là que vous ne puissiez et devriez faire? et avec cela vous deviendriez comme un Jérémie, un Isaïe, un Job, un grand saint du paradis.

Sauriez-vous jamais être plus abandonnée que Suzanne, qui semblait délaissée du ciel et de la terre? Ses parents, son mari, tous ses amis étaient indignés contre elle; l'arrêt était porté, les bras armés de pierres homicides. Elle fondait en larmes, et n'attendait plus que la mort. On lui lie les mains derrière le dos; les bourreaux s'apprêtent à l'accabler; Babylone en fureur est avide du supplice de cette pauvre innocente. O Dieu, quelle injustice et quelle cruauté! Que fera ce chaste cœur, cette colombe poursuivie par tant de vautours carnassiers? Elle pleurera à chaudes larmes; elle étouffera presque de sanglots convulsifs, et tournant son âme vers Dieu, n'ayant plus d'autre recours que la sainte Providence, elle ne dira qu'un seul mot, mais qui vaut plus qu'un discours magnifique : Mon cœur est tout à vous, ô divin Créateur, et j'aime mieux mourir innocente que de commettre sous vos yeux une infraction à votre sainte loi. On peut bien m'ôter l'honneur et la vie, mais jamais on n'arrachera de mon cœur l'espérance qu'il a conçue de vos bontés ineffables! Ce fut, comme vous le savez, à ce moment même où tout semblait perdu pour Suzanne, que tout bonheur fut retrouvé pour elle, et la plus funeste de ses journées devint le plus heureux de ses jours.

CHAPITRE X

Histoire du plus désolé, et d'un des plus grands saints des hommes, le pauvre Lazare.

Je vous ai dit que le plus haut point de la sainteté, c'est l'état de cette pure souffrance de l'entier délaissement. Je crois maintenant vous le prouver par la bouche d'or de l'Orient, le grand saint Chrysostome, qui, par de très-fortes preuves, démontre comment il est possible que le pauvre Lazare n'ait été surpassé en sainteté par aucun des saints de la loi ancienne.

Cet infortuné, languissant à la porte du mauvais riche, sans pouvoir s'aider et sans recevoir aucun secours, est bien l'admirable modèle de ceux qui se croient complétement abandonnés. Je vous supplie donc de lire attentivement ce discours, et de le graver profondément dans votre âme. En premier lieu, il faut vous faire le tableau de ce héros de la patience.

C'était un pauvre être couvert d'ulcères infects et hideux; un mort vivant; un homme plongé dans de profondes plaies, ou plutôt les plaies étaient plongées en lui. Il en était chargé des pieds à la tête. On s'étonnait de ce que son âme ne s'échappait point par tant de brèches, n'y ayant plus aucun obstacle qui pût la retenir au dedans. Il se sentait mourir chaque jour pièce à pièce, de sorte que tous les jours de sa vie étaient celui de sa mort. Couché sur la dure qui achevait de le meurtrir, l'effroi des passants, l'horreur des valets, il n'y avait de différence entre lui et un cadavre, sinon qu'il était encore étendu sur la terre, tandis qu'un trépassé est caché dessous. Aucun espoir de guérison ne pouvait alléger ses souffrances, et quand même il eût pu le concevoir, il n'aurait pas eu le moyen de se procurer les médecins et les remèdes, lui qui n'avait pas un morceau de pain. Hélas! on lui disputait jusqu'à l'air qu'il respirait, puisqu'on le chassait en l'accablant d'injures. Quel crève-cœur de se voir traiter de la sorte en une telle extrémité!

En second lieu, Lazare n'avait point d'exemples devant les yeux d'une misère semblable à la sienne. S'il eût connu quelque saint homme qui eût mené une vie si douloureuse, ce modèle l'aurait grandement encouragé et fortifié; car rien ne produit tant d'effet sur nos cœurs pour leur persuader de soutenir une haute entreprise, que de voir des gens qui ont atteint le même but. Mais personne ne précéda ce pauvre Lazare, personne ne l'égala dans son temps, et on ne sait pas si jamais quelqu'un a osé l'imiter. Quant à le surpasser, il ne faut certainement pas y prétendre.

En troisième lieu, pour augmenter ses peines, Lazare était gisant à la porte d'un homme riche qui nageait dans les délices, environné d'une foule de serviteurs. Cependant jamais le pauvre ne prononça une parole contre la Providence, voyant qu'elle accordait tant de bien-être à ce riche d'ailleurs si insensible, et à ses domestiques si durs et si méchants, tandis qu'elle laissait un innocent sans un peu de paille pour reposer son corps décharné, et sans un peu de pain pour apaiser sa faim dévorante.

En quatrième lieu, Lazare voyait jeter aux chiens des viandes qui eussent nourri plusieurs indigents, et que les restes mêmes des chiens lui étaient refusés par des valets sans entrailles. S'il se fût trouvé dans l'immensité d'un désert, il eût été moins

malheureux ; mais voir plusieurs fois chaque jour passer devant lui tant de super-
fluités succulentes qu'on jetait au fumier ;
voir un tas de mauvais sujets se rassasier
de friandises, et se sentir mourir de faiblesse et d'inanition, n'était-ce pas un cruel
tourment !

En cinquième lieu, les méchants serviteurs du mauvais riche poussaient la bar-
barie jusqu'à lancer les chiens sur le pauvre
Lazare, afin qu'épouvanté et mordu par
eux, il s'éloignât de la somptueuse demeure
de leur maître ; mais les animaux, plus hu-
mains que les hommes mêmes, léchaient
au contraire les pieds et les mains de cet
infortuné lépreux. Néanmoins quelle affliction sensible que de se voir ainsi traité !
Ajoutez à cela la peine, plus grande encore
pour une âme religieuse, d'entendre sans
cesse blasphémer et renier Dieu par ces
gens sans foi ni loi, et de les voir commet-

tre impunément toute sorte de mal. En outre, Lazare se trouvait dans une ville, au milieu d'une population nombreuse qui aurait pu facilement l'assister, et il est tellement délaissé au milieu des maux qui l'assiégent, que c'est par une espèce de miracle qu'il ne meurt point. S'il n'y eût eu que ce riche gourmand et avare qui l'eût méprisé dans son indigence et laissé sans aucun secours, le malheureux l'aurait pu supporter en patience, mais se voir abandonné de tous les habitants d'une cité, quelle incroyable désolation!

En septième lieu, si Lazare avait demandé quelque grande aumône, il aurait peut-être mérité un refus; mais en telle extrémité, ayant l'âme sur le bord des lèvres pour ainsi dire, ne réclamer de la pitié du riche que les miettes tombées de sa table, se contenter d'avoir une part dans la part des chiens, et se la voir refuser par des hommes croyant à Dieu et à une éternité, quelle amertume !

En huitième lieu, si une telle vie n'avait dû durer que quelques jours, passe encore ; une espérance motivée en des temps meilleurs aurait pu adoucir les douleurs de Lazare, en désarmant l'imagination qui nous tourmente plus que les tourments eux-mêmes : mais que d'années écoulées déjà et devant s'écouler encore dans ces supplices, sans une lueur d'espoir d'un changement ou d'une amélioration ! Non, le pauvre Lazare voit au contraire la compassion des hommes se glacer de plus en plus ; un ciel d'airain, toujours étendu sur sa tête, ne lui départir aucune douce influence ; en un mot, tout lui défaillant davantage, excepté le cœur et la fidélité à tout souffrir pour accomplir la volonté de Dieu.

Se peut-il donc imaginer un mortel plus

divin, un courage plus invincible, un saint plus saint que ce mendiant auquel toute la terre manque? N'est-il pas raisonnable, disait-il, que la créature soit soumise à son Créateur? Ne faut-il pas croire que Dieu fait tout pour le mieux?

Oh ! que cet homme simple et misérable condamnera un jour des princes et des grands, qui étant comme abimés dans un déluge de biens dont Dieu les favorise, ne savent rien faire pour son service qui vaille qu'on en parle, ni rien souffrir sans y mêler mille infidélités et mille ingratitudes ! Oh! je n'ai encore rien dit de cet homme admirable, de cet abandonné de tout l'univers; ce qui surpasse tout ce que j'ai dit, c'est une chose que croit saint Chrysostome, et la voici :

Il a voulu croire que ce bon Lazare n'avait aucune connaissance de Dieu, sinon en général et dans la nature. Qu'il ne savait

ni Bible, ni prophéties, ni promesses du
ciel, ni rien sur la venue du Messie ; mais
que comme Job, un saint de la gentilité,
il savait seulement qu'il y a au monde un
souverain Seigneur, qui a soin de l'univers
et de ses créatures. Il vivait, pense le saint
évêque de Constantinople, dans une croyance générale et confuse, et pourtant dans
une innocence qui fut si grande, que les
anges enlevèrent son âme à l'heure de sa
mort, et la portèrent dans le sein d'Abraham.

O merveille des merveilles ! Les martyrs
ont devant les yeux Jésus-Christ empour-
pré de son sang, quel miracle y a-t-il à ce
qu'ils versent tout le leur? Ce pauvre ne
sait ce que c'est que tout cela, et quel
martyre n'endure-t-il point ! Saint Pierre
s'enfuit sur le point d'être saisi par les sa-
tellites de Néron ; il faut que Jésus-Christ
le ramène à Rome par la main : et Lazare

voit tous les jours venir la mort, et tous les jours il la défie ! Les docteurs et les pères sachant par cœur tous les saints livres, recevant mille éclatantes lumières et sublimes inspirations, parlent admirablement des choses divines; mais ce savant idiot qui ne sait rien au monde, réduit à la pratique la plus suréminente, les maximes les plus élevées des pères et des docteurs.

Faites le parallèle, et vous verrez où cela va, et s'il y a homme assez hardi, pour s'égaler à cet abandonné, à ce misérable qui est le rebut et la balayure du monde. Sur une seule pensée il fonde une sainteté si héroïque, qu'on en a guère vu de semblable sous le soleil. Il disait : Je suis tel que Dieu m'a fait, de quoi puis-je me plaindre? N'est il pas le maître et moi le valet? Eh bien, qui obéira, le valet ou le maître? Non, non, que ce grand gouverneur du monde fasse tout ce qu'il voudra de moi.

Je ne voudrai jamais que ce qu'il voudra,
et je ne trouverai jamais mauvais ce qu'il
fera. Hélas ! chétifs que nous sommes,
nous avons mille sujets pour nous porter
au bien, pour nous laisser conduire, abandonner, consoler, désoler, et tout faire par
le Seigneur, et nous sommes si aveugles,
que nous ne saurions nous y résoudre ! Et
voilà un ignorant, un mendiant, demi-mort;
pire que mort, puisqu'il ne vit que pour
ressentir les atteintes de la mort, le voilà
sans connaissance du ciel, jouissant du
paradis dans l'enfer de ses martyres ! Ah !
que dirons-nous à Dieu ? Et ne mourrons-
nous point de honte en voyant une telle
résignation ?

Mais avançons encore dans la considération des vertus du pauvre Lazare.

Jacob dit à Dieu, que, s'il daigne lui
donner du pain, il sera son Dieu : celui-
ci ne demande que des miettes, et qu'on

les lui donne ou non, il veut être absolument à Dieu.

Saint Paul, le grand saint Paul, disait : Ayant de quoi nous nourrir et de quoi nous vêtir, nous sommes contents : ce pauvre nu et mourant de faim ne témoigne aucune tristesse.

David assure qu'il accomplira tout le bien, pourvu que le Seigneur lui accorde le paradis : ce mendiant ne sait ce que c'est que le ciel, il fait et souffre tout sans murmure.

Saint Pierre rappelle à Jésus-Christ qu'il a tout laissé pour le suivre, et ajoute : Quelle sera ma récompense ? Cet indigent, qui n'a jamais rien possédé, ne s'en plaint pas, et ne demande rien à Dieu que sa volonté sainte.

Bonté divine ! quel est donc cet homme ?

Job, ce prodige de sainteté, faillit perdre la patience quand sa femme essayait

de le tenter par des paroles piquantes et dé-
risoires ; il avait besoin, pour se consoler, de
l'espérance des joies éternelles. Lazare,
moqué, hué, déchiré par les plus vils des
valets, ne pousse point de gémissements,
n'aspire point à une félicité qu'il ignore,
ne se soucie de rien, sinon que Dieu soit
son Dieu, et qu'il dispose de lui selon son
bon plaisir.

Est-ce là le comble de ses mérites ? Non ;
saint Chrysostome croit que, parmi tant et
de si pressantes occasions de pécher,
Lazare ne commit jamais une seule faute ;
pas un murmure des lèvres, ni même du
cœur ; il appuie cette opinion sur ce que
dit l'Évangile, qu'à l'instant même de sa
mort les anges emportèrent son âme dans
les limbes, parmi les saints de ce temps-
là ; et il ajoute : N'était-ce pas assez qu'un
seul ange transportât cette âme dans le lieu
de son repos ; fallait-il pour cela tant d'an-

ges? Ah ! se répond-il lui même, c'est par dévotion. Certes ils ont une joie incroyable de toucher ce saint corps qui est une si précieuse relique, et de porter cette belle âme ! Ils admirent que cet infortuné ait pu garder tant d'innocence dans le purgatoire de ses douleurs, tandis que le plus sublime des anges, Lucifer, ne put conserver la sienne au milieu des ravissements du paradis, ni le premier homme, créé sans tache, Adam, au sein des délices de l'Éden.

Quand le Sauveur eut dompté glorieusement le prince des ténèbres, et qu'il l'eut abattu à ses pieds en triomphant par une parole de ses plus subtiles tentations, il voulut, pour montrer la grandeur de sa victoire, que les anges descendissent du ciel pour le servir, comme nous le lisons dans le saint Évangile. Ne semble-t-il pas que la bonté du ciel fasse une semblable faveur à ce pauvre, mais véritablement incomparable serviteur du grand Dieu, puisqu'il envoie tant d'anges pour le servir en cette extrémité ? que vaut-il mieux, être ange, ou servi par les anges ? Eussiez-vous pensé que dans ce corps si infect et si dégoûtant, il se trouvait une âme digne d'avoir les anges pour serviteurs ?

Hélas ! mon esprit se perd dans les vertus de ce saint, inconnu au monde et honoré par les intelligences du ciel ! rien ne m'étonne semblablement à la force de son courage, et à la pureté de son âme invincible : saint Paul, fatigué de la tentation, demanda trois fois à Dieu d'en être délivré ; Samson, l'indomptable, se mit à pleurer comme une femme quand il se vit enlever sa force merveilleuse,, et préféra la mort à la confusion ; les plus grands saints du monde, Job, Tobie, David, les patriarches, les prophètes, les apôtres souffrants et persécutés, ont souvent importuné le ciel pour obtenir un terme à leurs épreuves; et le pauvre Lazare n'a jamais demandé, qu'on sache, ni désiré d'être soulagé. Il s'est trouvé trop heureux d'être dans un abîme de douleur, d'abandon, de délaissement suprême, puisqu'il plaisait au Seigneur de le mettre ainsi. — Pourquoi voudrais-je être guéri, puisque Dieu ne le veut pas? quand je n'y gagnerais rien, n'est-ce pas assez qu'il tire sa gloire de son serviteur, et qu'il fasse ce qu'il voudra de sa créature? Que Dieu se contente, et je suis content de Dieu.

Quelle suréminence de perfection que d'être humainement si malheureux, et d'aimer mieux cependant que le Seigneur soit glorifié par tant de peines, que d'en être délivré par sa bonté et sa toute-puissance! Peut-on trouver nulle part charité plus ardente, et pureté de cœur plus parfaite? Allez dire maintenant qu'il ne savait ni pleurer, ni agir, ni rien faire, hélas! quel rien, puisqu'on ne saurait trouver action, si sublime qu'elle fût, qui pût être mise en comparaison avec cette pure souffrance!

Cent mille méditations, cent mille disciplines, cent mille ravissements d'esprit, ne l'eussent jamais élevé à un si haut degré de mérite, que cette soumission simple, mais inébranlable.

Mais, mon Dieu, que fais-je, où suis-je, et qui m'a ainsi transporté? O Lazare, je vous demande pardon, de ce que je ravale si fort la sublimité de votre grandeur, qui fait l'admiration du paradis! Mon pauvre esprit ne vole pas si haut, et ne fait que raser la terre. Car, si j'avais quelques lumières, ne devrais-je pas louer par-dessus tout, qu'au lieu de demander votre délivrance, vous ayez souhaité soutenir votre vie, pour souffrir chaque jour mille morts?

Je meurs tous les jours, dit saint Paul:

ah ! que c'est bien Lazare qui mourait tous les jours ! Et cependant, il demande des miettes pour mourir lentement, pièce à pièce, en savourant la mort, pour ainsi dire, et comme un divin phénix, vivre pour mourir, et mourir pour revivre.

Parmi les plus cruels tyrans, le plus cruel fut celui qui inventa l'affreux supplice de lier ensemble un corps vivant et un cadavre, afin que le cadavre infectât et fît mourir le corps vivant ; mais Lazare subit un martyre plus terrible encore ; car en lui un même corps, demi-vivant et demi-mort, vit, meurt, respire, expire, se nourrit et se consume tout à la fois !

CHAPITRE XI

Les secours ineffables de Dieu dans ces abandonnements ineffables,

et les moyens d'en tirer profit.

Je suis vraiment confus de vous avoir
fait si grossièrement le portrait de ce saint
personnage, et connaître si mal la sublimité de l'âme qui se trouve dans le saint
abandonnement, et je vous en demande
humblement pardon ainsi qu'au bienheureux Lazare.

Les premiers jours que ce mal nous
atteint, il étonne même le cœur le plus
résolu du monde, mais peu à peu on s'ap-
privoise, on s'y façonne, on va même jusqu'à goûter tellement ces dégoûts, qu'on
ne voudrait pas pour tout l'or du monde
en être privé. Le roi Mithridate s'était
accoutumé à prendre du poison, et il s'y

était si fort affriandé, qu'il ne trouvait rien de si délicieux. Ce qui tuait les autres hommes semblait être pour lui un antidote contre la mort. Il y a aussi un oiseau qui ne se nourrit que de venin : ainsi cet abandonnement suprême, qui fait pour ainsi dire mourir les âmes faibles et immortifiées, donne la vie à celles qui, comme des oiseaux, s'envolent dans les cieux. Ne mesurez donc pas l'aigreur de ce mal sur ses premières attaques ; mais croyez indubitablement que bientôt il s'adoucira, et vous direz avec Job : Ce que mon âme avait autrefois en horreur, fait maintenant ses plus chères délices. J'ai connu des âmes plongées dans ces dérélictions très-profondes, qui m'ont avoué que le fond de leur cœur était si tranquille, et la plus haute pointe de leur âme si satisfaite en cet état, qu'avec le pouvoir de se délivrer de ces peines, elles n'eussent pas voulu le faire pour une couronne de roi ou d'empereur. Il est incroyable, si ce n'est à celui qui en a fait l'expérience, quels secours et quelles lumières Dieu donne, tantôt d'un mot de l'Écriture sainte qu'il fait descendre dans le plus intime du cœur; tantôt d'un éclair et d'un rayon de grâce qu'il fait passer dans l'âme; tantôt par une amoureuse et cordiale conformité à sa sainte volonté; tantôt par un si grand désir de purifier son cœur de tout amour, excepté du divin, que, tout bien balancé, il n'y a point d'état plus solide, plus avantageux et plus plein de triomphes que celui qui semble être le plus misérable de tous. Le bon saint Hilarion quitta sa cellule, ou il opérait mille prodiges, pour aller habiter auprès d'un temple, domicile d'une foule de démons. Ces méchants esprits faisaient toutes les nuits un sabbat horrible. Tout le monde fût mort de frayeur, le saint ne faisait qu'en rire. On lui demanda quel pouvait être son dessein, en venant résider dans un tel lieu. C'est, répondit le solitaire, afin que, n'ayant continuellement devant les yeux que le Seigneur, mon Dieu, mon âme en devienne plus libre et plus pure ; c'est aussi pour me tenir toujours sur mes gardes, comme une sentinelle vigilante ; de sorte que, ne m'appuyant que sur Dieu, à tous les moments de ma vie, et me voyant d'ailleurs dans un endroit que mes ennemis assiégent et que tous les hommes fuient, je me repose uniquement sur le sein du Seigneur, et m'abandonne entièrement à sa conduite. Je tiens pour assuré, qu'il vaut mieux pour moi être logé près de cet enfer, que si j'habitais quelque paradis d'une vaine satisfaction, où l'on me ferait faire des miracles par force.

Oh ! que le cœur est bien plus fidèle à Dieu, que la totale défiance de soi-même

est bien plus solide, l'humilité plus certaine, l'amour plus pur, et tout, en un mot,
plus divin qu'en quelque état qu'on puisse
se mettre ; et l'on ne soupçonne pas quel
renfort Dieu envoie, et quelle multitude
de grâces il accorde dans ces extrémités.

Cependant la difficulté n'est pas de connaître, voire même d'admirer cette vérité ;
mais de la pratiquer, d'y trouver du repos,
de la ménager avec profit ; c'est là que gît
le nœud de l'affaire. Or, je vous dirai qu'il
n'y a quasi saint en paradis qui n'ait goûté
de ce fiel, et qui n'ait traversé cette épreuve : je vais les faire parler les uns après les
autres, vous verrez leur cœur, l'état de
leurs âmes, les lumières qu'ils ont eues
dans ces ténèbres si épaisses, les moyens
qu'ils ont employés pour se rendre saints ;
ce qui a fortifié leur cœur, quel langage
ils ont tenu dans ces délaissements ; bref,

tout ce qu'ils ont fait, et que comme eux vous devez faire.

Commençons par ce flambeau de l'Afrique, l'oracle du monde, qui a eu sa part de ce mal aussi bien que les autres : Vous avez vu de vos yeux, dit-il, ô mon Dieu, mon imperfection, et la vie de tous les hommes sera racontée dans vos livres ; de tous, non-seulement des parfaits, mais des imparfaits. Que les imparfaits ne craignent rien ; qu'ils profitent seulement et s'avancent ; qu'ils ne croupissent pas volontairement dans leurs défauts, mais qu'ils s'efforcent de marcher, et qu'ils n'aient point de craintes. Y a-t-il homme si malheureux sur la terre, qu'il n'ait aucune envie de s'aider? Vous qui mourez de frayeur d'offenser Dieu, consolez-vous donc, et espérez que votre nom sera écrit dans le livre d'or. Vos alarmes montrent bien que vous aimez le seigneur, et que vous désirez vous

secourir vous-même; pourquoi donc tremblez-vous, homme de peu de foi ?

Écoutez maintenant saint Bernard : que
je vous aime, ma chère force, mon Dieu,
mon firmament, mon refuge et mon tout !
Je vous aimerai autant que vous m'en ferez la grâce, et autant que je le pourrai.
Si je ne puis aimer autant que je le dois,
je ne puis pourtant pas aimer plus que je
ne le puis. Quand vous me donnerez davantage, je vous aimerai davantage. Ce qui
me console, c'est que ceux dont les noms
sont écrits dans vos livres, font bonnement
ce qu'ils peuvent, bien qu'à la vérité, ils ne
fassent pas ce qu'ils doivent. Hélas ! qui
pourrait faire ce qu'il doit ? Et quand on
le ferait, qui pourrait avoir cette assurance de soi-même ? Donnez-vous donc
cette douce consolation et, pour vous en-
courager, croyez que le Seigneur est à
peu près content de votre service, et qu'il

n'attend guère autre chose de vous que ce que vous faites. Cela étant, pourquoi tremblez-vous donc, homme de peu de foi?

Dites souvent en votre âme que vous aimeriez mieux mourir de mille morts, que de jamais commettre un péché mortel; et du reste, ne vous mettez jamais en peine pour des défauts journaliers, pour de menues imperfections, pour tant d'inégalités que vous voyez dans votre cœur, pour l'aridité inexprimable qui dessèche toutes vos dévotions, et tarit toutes les douces rosées du ciel; dites seulement: Hélas! je suis grandement pauvre et mendiant; mais le Seigneur a soin de sa chétive créature. Mon Dieu, vous êtes mon protecteur; ah! ne m'abandonnez pas, je vous en prie! secourez-moi promptement!

Cette crainte continuelle que vous ressentez d'être damné et d'offenser Dieu, montre évidemment que vous ne feriez pas

de sang-froid une faute mortelle. Pour de
légers péchés véniels, dit ce grand saint,
vous voulez vous mettre en si grande peine,
et vous rendre misérable pour votre plaisir, qui est un inutile et malheureux plaisir ! homme de peu de foi, pourquoi donc
tremblez-vous ?

Mais voici qui doit augmenter encore votre consolation, ouvrez donc votre cœur
pour l'y enchâsser comme un rubis précieux. Pour moi, dit ce saint personnage,
je tiens infailliblement que ces angoisses
amères et ces abandonnements sont de
vrais martyres, longs et plus ennuyeux que
la mort. Un coup d'épée a bientôt tranché
la tête, versé le sang, arraché la vie ; mais
ces peines antérieures qui tiennent le cœur
à la torture, en lui donnant, pour ainsi
dire, une question extraordinairement extraordinaire, sont véritablement le purgatoire des belles âmes ; elles sont une mar-

que de grande sainteté, et d'une tendre dilection de Dieu. C'est un présage du paradis et un signe de prédestination. Bref, je crois que c'est particulièrement à leur sujet que Notre-Seigneur a dit : vous serez pressés et oppressés dans le monde, mais votre tristesse se changera en joie, et personne ne vous ravira cette joie. Insensé que vous êtes, on veut faire de vous un saint, un martyr, un roi du ciel, et il semble, à vous voir, que tout soit perdu, et qu'il n'y ait, au monde, aucune créature humaine aussi malheureuse que vous. Eh ! pourquoi tremblez-vous, homme de peu de foi, au lieu de reconnaître les grâces que sa bonté infinie veut vous faire ?

La plupart des âmes qui sont comme ensevelies dans ces dérélictions, usent de tout leur esprit pour trouver le moyen de sortir de ces peines ; qui, par confessions générales réitérées, qui, par des austérités

sans relâche, qui, par de violents efforts
de tête, qui, par des vœux parfois impru-
dents, espérant à force de moyens et d'in-
dustries être enfin libérées du mal qui les
accable, et tout cela se fait sous le spécieux
prétexte qu'étant affranchies, elles feront
merveille pour la gloire de Dieu. O le sub-
til abus! mais, ô le grand abus! ne vaudrait-
il pas mieux dire avec Jésus-Christ: Le calice que mon Père me donne, ne voudrais-
je pas le boire tout entier? Le vrai remède
à ces abandonnements, c'est de n'y pas
chercher de remède, mais de souffrir son
mal en patience; cela vaudra plus devant
Dieu que tout ce que vous imagineriez et
feriez si vous étiez délivré de ces tourments. Ne pensez-vous point, disait le divin Sauveur à ses apôtres, que, si je le de-
mandais, mon Père ne m'enverrait pas des
légions d'anges, pour m'exempter de cette
croix si douloureuse? Mais je ne le veux

pas moi-même, puisque telle n'est pas sa volonté.

Que ne dites-vous ainsi, homme de peu de foi? Que ne parlez-vous ainsi plutôt que de trembler honteusement?

Les saints admirent ce que saint Paul dit d'Abraham : *Contrà spem credidit in spem ;* contre toute espérance, il espéra. Quand la nature croit que tout est perdu, la grâce fait que le cœur espère dans le désespoir même. Quand le Seigneur me tuerait, disait Job, j'espérerais encore en lui. Jésus-Christ vous aime plus que votre père, que votre mère, plus que vous ne sauriez vous aimer vous-même, j'allais dire presque plus que lui-même, puisqu'il est mort pour vous, afin que vous ne mourussiez point. Croyez-vous cela? Et, si vous le croyez, comment êtes-vous si dépourvu de courage! Dieu veut qu'on ait en lui une extrême confiance, et tout ce qu'on espère

de lui, tôt ou tard, on l'obtient assurément
de sa bonté. Il tient à honneur qu'on se
jette entre ses bras ; jamais il n'a refusé
personne ni laissé tomber ceux qui se
sont confiés à sa générosité. Croyez-vous
cela vivement ? et si vous le croyez, pourquoi donc tremblez-vous ? On ne saurait
jamais avoir tant de confiance en Dieu,
qu'il ne désire qu'on en ait davantage encore. La joie de Dieu, dit la sainte Écriture, c'est notre courage appuyé sur son
infinie clémence. Je le délivrerai, dit-il,
parce qu'il a espéré en moi ; il ne dit pas :
Parce qu'il le mérite, parce qu'il est bon,
parce qu'il prie bien ; rien de tout cela ;
mais seulement parce qu'il a espéré en
moi. *Fiat tibi sicut vis :* allez, dit-il, il vous
sera fait comme vous aurez cru.

Quand la nature est accablée, il faut re-
courir aux actes de foi vive ; car toutes ces
défaillances viennent de la débilité de no-

trefoi. Croyez-vous que Dieu est infiniment bon, et savez-vous bien ce que veut dire ce mot d'infiniment? Croyez-vous que Dieu est tout-puissant, et tout puissamment ami de votre bien? Croyez-vous que jamais sa fidélité n'a permis qu'aucun homme, en ce monde, ait été tenté et affligé au delà de ses forces? savez-vous bien qu'il est notre protecteur, mais avec tant de soin et de tendresse, que quiconque nous touche du bout du doigt, le blesse à la prunelle de l'œil, nous dit-il lui-même? Avez-vous la certitude de la gloire que Dieu attache à se montrer le père dès orphelins, la consolation des désolés, l'é_poux des âmes veuves de toute joie, et le bonheur des misérables? comme un père a soin de ses entrailles et de ses enfants, ainsi le Seigneur a compassion de nos infirmités. Ah! qu'il sait bien de quelle argile nous sommes pétris, qu'il se souvient bien de nous avoir façonnés de terre de ses propres mains ! ne doutons jamais de n'être pas les objets de sa pitié et de sa miséricorde.

Qu'il se fâche tant qu'il le jugera bon, dit saint Augustin ; qu'il nous frappe, qu'il nous déchire, qu'il nous perde s'il le veut, c'est notre père. Il nous afflige, mais c'est notre bon père. Il nous abandonne et nous accable de maux ; son saint nom soit béni ! Car enfin c'est notre cher père, et nous serons toujours ses enfants. Douceur du paradis, oublierez-vous vos entrailles, vos fils, vos yeux ?

Mon cher lecteur, si vous croyez cela, d'où vient cet accablement de votre âme ? si vous ne le croyez pas, êtes-vous catholique ?

Imitez encore Abraham dont saint Paul dit avec admiration : *Exivit nesciens quò iret :* Il sortit, et se mit en chemin, sans savoir où il allait, n'était-ce pas assez de donner sa main à Dieu, et de se laisser conduire? faire comme un aveugle qui se laisse tirer où l'on veut? Que lui importe-t-il aussi d'aller au levant ou au couchant? qu'importe aussi à l'âme que Dieu mène d'aller à la vie ou à la mort, au ciel ou au purgatoire, à la désolation ou à la consolation? n'est-ce pas assez que le Seigneur lui serve de guide, et qu'elle marche avec Dieu, dans l'immensité de Dieu, par la volonté de Dieu? Abandonnez-vous donc à son cœur; jetez-vous dans ses amoureuses plaies; du reste, ne vous mettez en peine de rien, mais dites: Dieu me gouverne; rien ne me manquera. Quand les armées de toutes les désolations du monde m'accableraient mille fois, mon âme espérera encore en lui. Puisque je suis avec Dieu, et que Dieu est avec moi, que me faut-il encore? Faible cœur, que ne parlez-vous de la sorte, et que ne relevez-vous par un langage mâle votre pusillanimité? La comparaison qu'emploie un grand ami de Dieu me paraît bien juste et bien naïve. Soyons, dit-il, dans le cœur de Dieu, comme un de ces agneaux innocents, immolé jadis sur l'autel des holocaustes. Cette tendre victime était là les quatre pieds liés, tremblotant sur l'autel, s'imaginant à peu près qu'on lui voulait couper la gorge, sans crier pourtant, ni même remuer, ni songer à faire aucun effort pour s'enfuir et sauver sa pauvre vie. Mais par un instinct naturel, ce doux agneau semblait avoir ce sentiment, que, puisque le Créateur avait affaire de lui sur cet autel, il fallait que la créature s'accommodât à la volonté de son maître et s'y sacrifiât.

Lorsque vous êtes dans l'abandonnement, et que toutes les puissances de votre âme sont comme garrottées, sans que vous puissiez ni penser, ni aimer, ni rien faire, ne vous démenez pas, ne vous tourmentez pas par des agitations violentes, voulant vous dégager de ce fâcheux état, et de vive force arracher de votre cœur la dévotion et sa douceur; ce n'est pas l'heure, et Dieu n'attend pas cela de vous; mais qu'en silence et en souffrance, vous laissiez faire votre immolation; supportant qu'on brise et rompe la dureté de vos volontés, et qu'on les offre au Seigneur en parfait holocauste.

Que faut-il donc dire, étant en cet état? Rien du tout si vous ne pouvez. Et si vous le pouvez, dites ce peu de mots : n'est-il pas raisonnable que le Créateur fasse de sa créature tout ce qu'il lui plaira? reposez-vous dans ces paroles.

CHAPITRE XII

Maximes d'état du cœur pour le rendre invincible
dans ces abandonnements.

Gravez bien avant dans votre cœur ces
maximes d'état du paradis :

1° Que Dieu est essentiellement la vérité,
et que, s'il cessait d'être véritable, il ne
serait plus Dieu; ce qui est impossible.

2° Que Dieu est tellement fidèle en ses
promesses, que le ciel et la terre périraient
et que l'univers entier serait réduit au
néant, avant qu'il manquât, comme il le dit
lui-même, un seul iota à la parole divine.

3° Que Dieu a un soin particulier de vous,
pensant à vous aussi attentivement que s'il
n'y avait que vous seul en ce monde, et
comme si sa gloire dépendait de vous seul.

4° Que Dieu vous aime non pas seulement pour l'amour de vous-même; mais

principalement parce qu'il s'aime lui-même; qu'il aime en vous son image et sa ressemblance; ainsi, tant que Dieu l'aimera, et aimera infiniment sa bonté, il vous aimera aussi si le péché mortel ne l'en empêche. Ne dites donc plus que vous ne méritez pas que Dieu vous aime; on sait assez cela sans que vous le disiez; mais aussi concevez une grande joie de ce que Dieu vous aime parce qu'il s'aime lui-même, et chérit l'ouvrage de ses mains. Tandis qu'il s'aimera, il vous aimera aussi d'amour divin et ineffable. O puissante consolatrice! puissant attrait de sa charité!

5° Accoutumez-vous à vous gouverner par les maximes de la foi, et non par les appréhensions et les frayeurs de la nature.

6° Le Seigneur a dit que les cheveux de votre tête sont comptés, et que pas un ne tombe sans sa permission; il assure qu'il garde vos os, et que pas un ne sera brisé;

que pas un grain de leurs cendres ne se perdra ; il a commandé aux anges de vous garder dans toutes vos voies, de vous porter comme dans leur sein, de peur que votre pied ne heurte contre la pierre ; il a promis de peser vos forces, et de balancer vos maux, afin de ne vous point surcharger, et que la tentation vous soit une victoire ; il proteste que tout ce qui vous arrive est pour votre plus grand bien, quoiqu'il ne vous semble pas, enfin il s'est engagé à vous donner, pour les peines légères d'un moment, un poids incommensurable de gloire immortelle.

Mais Dieu ajoute aussi que quiconque ne porte pas sa croix tous les jours de sa vie, ne saurait être son disciple ; que quiconque veut sauver son âme et sa vie doit les perdre en ce monde, — que répondrez-vous sur ce point ? Jésus-Christ changera-t-il d'Évangile pour vous seul, ou bien changerez-vous vos folles imaginations qui sont toutes terrestres et grossières ? Il déclare qu'il n'a pas besoin de votre conseil pour la direction du monde et des créatures intelligentes : il ne veut point qu'on lui demande raison de ce qu'il fait, étant le souverain Seigneur de toutes choses. Ce qu'il fait est toujours pour le mieux : serez-vous si osé de le contrôler, et de trouver à redire au gouvernement de sa providence ? Voulez-vous lui prescrire ce qu'il doit faire, disant follement que votre mal est le pire de tous ; que vous aimeriez mieux toute autre épreuve que la vôtre, et mille pareilles sottises qui sont des demi-blasphèmes, puisque vous ne trouvez pas bon ce que Dieu trouve bon, et que, sans y prendre garde, vous vous rendez un petit antechrist en vous soulevant contre Dieu.

7° Gardez-vous bien de vous tourmenter

avec empressement pour les péchés véniels, les petites impatiences, les légers dépits qui vous surviennent; ne vous gênez pas en confession craignant à l'excès d'oublier quelqu'une de ces fautes, puisque l'eau bénite les efface, la prière les tue, la charité les dévore, la patience les étouffe, l'attrition avec la confession les anéantit. L'Église ne vous oblige pas à les accuser, pourquoi vous en inquiétez-vous? Dites-les, et ayez l'âme délicate; mais ne l'ayez pas scrupuleuse, et ne vous torturez pas dans mille vaines minuties. Dieu ne prend pas plaisir à cela, et il est à craindre qu'il n'y ait bien de l'orgueil caché dans cette humilité; bien de l'amour-propre dans cet amour que vous croyez tout divin! Pensez-vous que, lorsque vous vous serez rompu la tête à vous rappeler vos imperfections, et que vous les aurez considérées, ce vous semble, dans leurs plus petits détails, vous en connaîtrez le nombre ? Hélas, il s'en faudra bien ! Il est possible que vos plus grands péchés véniels seront ceux que vous verrez le moins , et dont vous ne vous serez jamais confessé. Humiliez-vous de cette profonde ignorance ; demandez pardon au bon Dieu de tout votre cœur, et puis n'y pensez plus, et ne redoublez pas vos peines en voulant faire l'impossible.

8° Le tourment des tourments dans ces saintes dérélictions, ce sont les pensées noires, les blasphèmes contre Dieu et sa sainte Mère, contre les sacrements, les fantômes désespérants et horribles. Pour comble de souffrance, plus on les chasse, plus ces visions de l'enfer sont importunes, si l'on parvient à se délivrer d'une, dix autres naissent pour la remplacer. Quel martyre pour une âme blanche et innocente, pour un cœur virginal, de se voir tout rempli de pareilles abominations, qui obsèdent jusqu'à la table sainte ! On dirait qu'une armée de fantaisies maudites se saisissent de l'âme, et, au lieu de la porter au ciel, sur les ailes de quelque pieuse inspiration, la précipitent comme Daniel dans la fosse des lions dévorants, ou comme Jonas dans la gueule du monstre. Mais quel remède à cela me direz-vous? — En premier lieu, ne leur faites pas l'honneur de les regarder ni de leur répondre; dites comme sainte Thérèse : Ce sont des fous qui passent, laissez-les passer. Si vous leur parlez, vous les arrêterez davantage, et vous exciterez encore leur folie. Ne témoignez qu'un courageux mépris. Ne craignez pas non plus le péché mortel ; car jamais il n'est mortel que quand il est volontaire, dit saint Augustin. Et comment voudriez-vous que ce qui se passe en vous fût péché mortel, puisque vous avez tant de peine à le souffrir, puisque vous en avez tant d'horreur, puisque vous aimeriez-mieux mourir que d'y consentir? Dites, dès le matin, que vous désavouez tout ce ramas de pensées excommuniées qui s'obstinent à assiéger votre cœur; dites-leur que la place est prise et qu'elle est à Dieu, que par une donation entre-vifs irrévocable, vous avez donné votre âme au grand Dieu du ciel. Ensuite que ces chiens furieux aboient tant qu'ils le voudront ; que ces bêtes féroces rugissent tant qu'il leur plaira, c'est une affaire faite ; c'est Dieu qui l'a inspirée, reçue, approuvée, par conséquent il n'y a rien à craindre. Les ermites se logeaient dans l'horreur des déserts, et y étaient visités par des lions, des dragons et mille bêtes cruelles : imaginez-vous que votre cœur est logé là, et que ces pensées affreuses sont des serpents et des tigres qui sifflent et rugissent sans cesse autour de vous, mais qui ne sauraient vous nuire. Tant s'en faut! Elles seront au contraire comme ces dragons et ces lions de marbre qui versent l'eau pure et savoureuse des fontaines; elles répandront dans votre cœur les rosées salutaires du ciel.

Jamais Notre-Seigneur ne se vit plus haut durant sa vie mortelle, que lorsque le démon le transporta au faîte du temple, et sur la montagne d'où il lui montra tous les royaumes de ce monde; c'est ainsi que les tentations au lieu de précipiter l'âme dans l'abîme du péché, l'élèvent, quand elle leur résiste, au sommet de la perfection.

Ne craignez point, car Dieu est dans votre cœur pour le garder, afin qu'il ne consente point au mal dont le mauvais esprit veut vous épouvanter. Moquez-vous de ses efforts, et vous serez à demi guéri. Faites comme les saints martyrs qui crachaient sur les idoles, et renversaient les vains simulacres qu'on voulait leur faire adorer.

9° Véritablement c'est une puissante consolation que ces paroles d'un grand serviteur de Dieu : nous appréhendons, dit-il, ce qu'il ne faut pas, et nous n'appréhendons pas ce qu'il faut ; car une seule vanité volontaire, une légère complaisance en nous-mêmes, une vaine satisfaction nous rend plus laids et plus difformes aux yeux de Dieu, et nous fait bien plus de tort que les pensées, quelque monstrueuses qu'elles soient, qui poursuivent et accablent nos âmes. Cependant nous sommes tout transis dans la souffrance innocente de ces imaginations, et nous ne pensons même pas à la culpabilité d'une complaisance volontaire et mauvaise. N'est-ce pas le monde renversé, et le propre d'une âme déréglée ? Pilate lave ses mains pour figurer son innocence ; et il verse le sang de Jésus-Christ ! !

10° Que diriez-vous, homme faible de cœur, que diriez-vous au grand saint Grégoire et à d'autres illustres docteurs qui soutiennent que les abandonnements sont comme l'aumône qui, jetée dans le sein du mendiant, prie Dieu pour celui qui l'a faite ? Ainsi ces sacrés délaissements, durant lesquels on est incapable de dire un mot à Dieu, prient efficacement pour notre salut éternel; nos soupirs, nos sanglots, nos frayeurs et nos peines sont autant de langues toutes-puissantes, qui plaident notre cause devant le trône du Seigneur. On lit dans les Psaumes : C'est en Sion, ô Dieu, qu'on vous chantera des louanges; mais une autre version dit : Oh ! que le silence, mon Dieu, vous est une douce louange! Cela est vrai ; car, lorsque l'âme se trouve dans ce silence de la déréliction, mille voix de douleur, de constance, d'amour se réunissent en elle pour célébrer le Seigneur. L'Esprit-Saint, dit saint Paul, prie en nous par d'ineffables gémissements. Appelez-vous donc prières, des désolations, des langueurs, des ennuis insupportables? Oui ; ce sont les louanges du Saint-Esprit, et jamais on ne parle mieux que quand on s'exprime dans ce muet langage.

CHAPITRE XIII

Autres puissantes maximes d'état pour la vie spirituelle dans la déréliction.

La sainte Écriture donne un beau nom à ces abandonnements, quand elle les appelle un calice de bénédiction. Calice, parce que ce mal est amer, ennuyeux, affligeant ; de bénédiction, parce que c'est Dieu qui nous le présente. Jésus-Christ l'a bu le premier ; après lui, tous les saints y ont trempé leurs lèvres. Croyez-vous être

le seul qui soit accablé de ce mal? Il y a
un million de saints en paradis qui ont
souffert comme vous, et beaucoup plus
encore ; pourquoi vous mettez-vous donc
en peine ? Il y a un million de belles âmes
qui sont en pareille angoisse, à l'heure que
je vous parle, que craignez-vous donc tant?
La mort, et l'incertitude de votre fin ? Insensé si vous vous confiez à vous-même,
tout vous fera peur ; si vous vous confiez
en Dieu, vous ferez peur à tout. Si Dieu est
pour vous, qu'avez-vous à redouter?
Qu'importe de quelle mort vous mouriez,
languissante ou soudaine ; paisible ou vio-
lente ; dans votre lit ou dans les eaux ;
chez vous ou ailleurs ; à la ville ou à la
campagne ? de quelque mort que meure
un serviteur de Dieu, il fait toujours une
très-belle mort. J'ai connu un homme qui
disait au Seigneur : Mon Dieu, eh bien,
vous voulez donc me perdre? J'en suis

content, si c'est votre volonté: et je veux vous montrer ce que peut-être encore votre divin regard n'a point vu, un homme damné voulant vous servir d'aussi bon cœur que ceux qui sont en paradis.

Voilà ce qui s'appelle bien parler.

Si vous n'avez pas le cœur aussi généreux, dites au moins avec saint Paul : Jésus-Christ est ma vie ; Jésus-Christ est ma mort ; si je vis, c'est pour lui que je vis ; si je meurs, c'est pour lui que je meurs. Puisque tout est à lui, de quoi pourrais-je m'inquiéter? Ne vous passe-t-il pas quelquefois dans la pensée que vous avez, en effet, cent fois mérité l'enfer? que plusieurs sont damnés qui le méritaient moins que vous? qu'il n'est aucune peine que vos déloyautés ne méritent? Si cela est, de quoi vous fâchez-vous? Dieu ne vous envoie pas la centième partie du mal qui devrait vous revenir; et, au lieu de le remercier, vous faites l'homme accablé de douleur et le désespéré ! Vous devriez mourir de honte d'une pareille lâcheté ! Que ne tenez-vous tête au mal qui vous poursuit ? Que ne dites-vous à Dieu que, si c'est pour sa gloire que vous subissez ce martyre, vous consentez à le souffrir jusqu'au jour du jugement ? que vous êtes encore trop heureux d'être digne de souffrir quelque chose ? Eh ! qui êtes-vous, je vous prie, qu'il vous faille les douceurs et les consolations du ciel ? Quand vous aurez sué le sang et l'eau, à la bonne heure, on parlera de vous ; mais jusqu'à présent, en vérité, il vous appartiendrait bien de mettre le paradis en peine de vous ! Quel service avez-vous donc rendu au Seigneur dans tout le cours de votre existence ? sur quoi fondez-vous votre mérite et la sottise de vos plaintes ? Ingrat que vous êtes ! vous ne méritez que les tourments de l'enfer, et vous criez que, dès ce monde, on vous donne les joies du ciel !

Mais si ce langage brusque vous étonne trop, changez de forme, et dites ainsi : Mon pauvre cœur, ayons, je te prie, encore un peu de patience, ce mal ne durera pas toujours ; après l'orage vient le calme. Courage donc, mon pauvre cœur, nous voilà bientôt au bout. Ah ! que ces maux légers seront couronnés de grandes miséricordes ! Ne nous lassons pas de souffrir, puis Jésus-Christ ne s'est jamais lassé de le faire pour nous ! on n'a jamais ouï dire qu'il ait abandonné une âme qui s'est jetée entre ses bras ; jetons-nous amoureusement à ses pieds, en lui disant : Mon doux Seigneur Jésus, je ne vous quitterai jamais que vous ne m'ayez donné votre sainte bénédiction ! repousserez-vous un cœur qui ne veut pas s'éloigner de vous ? vous êtes descendu du ciel pour courir après une brebis vagabonde, et pour la rapporter au bercail sur vos épaules bénies : ah ! vous enfuierez-vous de celles qui courent après vous à perte d'haleine, et qui n'ont d'autre frayeur que de ne point vous atteindre? ce serait un blasphème horrible que de penser cela de votre infinie bonté !

Dieu doit être considéré comme Dieu du présent, et non du passé. Ne vous amusez point à affliger votre esprit en repassant dans votre mémoire les choses passées, et en rouvrant d'anciennes blessures ; ce qui est fait, est fait; demandez-en doucement pardon : humiliez-vous; souffrez votre mal en pénitence et en patience, et du reste oubliez ces fautes passées, dont le souvenir vous plonge dans des ténèbres et dans des horreurs effroyables qui vous glacent le cœur. Dieu est le Dieu du présent, il ne regarde que votre cœur en l'état du présent ; soyez-lui fidèle ; aimez-le d'amour ; offrez-lui vos peines ; ne vous tourmentez ni du passé ni de l'avenir ; contentez-vous de passer d'heure en heure la vie présente, et laissez tout le reste dans le sein de Dieu. Sa patience supporte les pécheurs trente années entières, pour leur arracher enfin une bonne pensée, et les sauver en ce bon état. Passez bien la journée d'aujourd'hui ; Dieu ne vous demande pas davantage ; quant à demain, il y pourvoira. Si vous avez tant de loisir pour penser à demain, c'est un signe que le mal d'aujourd'hui ne vous presse guère !

Rien, ce me semble, ne soulage tant une âme qui est plongée dans ces délaissements, qu'une pensée digne de saint Bernard : Le Fils de Dieu, dit-il, possède le paradis à deux titres : l'un, comme Fils de Dieu et souverain Seigneur ; l'autre, comme homme qui l'a mérité à la sueur de son visage. Il se contente du premier titre, et nous cède le second, de sorte que le ciel est à nous, puisque Jésus-Christ nous le donne, non parce que nous le méritons, mais parce qu'il l'a mérité et nous l'a gagné, une seule goutte de son sang étant d'un mérite infini, et capable de racheter un million de mondes.

Dites-moi, cœur pusillanime, dites-moi hardiment : croyez-vous que Dieu veuille vous refuser une goutte de son précieux sang si vous la lui demandez, lui qui en a versé des torrents pour vous, alors même que vous ne la lui demandiez pas, et que vous n'y songiez pas seulement ? Et si vous le croyez, de quoi donc vous tourmentez-vous si fort ?

Un très-savant homme, surnommé l'I-diot, propose cette question : à quel signe très-évident on peut connaître que Dieu demeure en nous, et que nous demeurons en Dieu ? Et voici la réponse qu'il fait lui-même à son interrogation : C'est, dit-il, lorsque souffrant de grands maux, et paraissant comme oubliés de Dieu, et comme l'ayant oublié nous-mêmes, néanmoins au fond du cœur, et à la plus haute sommité de l'âme, malgré les réclamations de la nature, nous sommes tellement d'accord avec lui, que nous ne voulons que ce qu'il veut, et sommes entièrement abandonnés à son souverain bon plaisir. Puis, le savant homme ajoute : Plus on est accablé, moins on est éloigné de Dieu, et plus on a son cœur uni au cœur de Dieu. Car, qui pourrait tenir ce langage de parfaite soumission, si Dieu n'était dans l'âme pour lui inspirer ces paroles divines et d'une perfection véritablement suréminente ?

Bonté infinie de Dieu, mérites infinis de Jésus-Christ et miséricorde infinie, ce sont des choses qui ne peuvent se comprendre, de sorte que, quand vous auriez mis sur un plateau de la balance divine, disent de grands saints, tous vos péchés, fussent-ils un million de fois plus nombreux que les grains de sable des océans ; et que dans l'autre bassin de cette balance, vous placiez une seule goutte du sang de Jésus-Christ, toutes vos fautes vous seraient remises ; tous vos crimes seraient comme rien.

Que ceci soit dit pour les bonnes âmes, pour les cœurs délicats, pour ceux qui sont accablés de tristesse, et relégués dans les profondeurs des abandonnements, vivant d'ailleurs dans l'innocence. Quant à ces traîtres qui voudraient prendre de ceci sujet d'offenser Dieu de sang-froid, il ne leur faut que l'enfer, et les plus noirs cachots des enfers, puisqu'ils abusent de la bonté du Seigneur pour mener une vie de démon. Mais pour les bons, oh ! quel renfort ! oh ! quel soulagement savoureux et solide !

oh! quelle joie ineffable, de voir tant de sujet de se consoler en l'infinie miséricorde de Dieu!

Que diriez-vous, si j'avançais qu'il n'est peut-être personne de plus assuré de l'assistance d'en haut, qu'une âme qui semble ainsi abandonnée et abîmée dans le gouffre de la déréliction? Écoutons David : Mon père et ma mère, dit-il, m'ont abandonné, mais le Seigneur m'a pris sous sa protection. Il semble que ceux qui ont quelqu'un qui les sert, qui les aide, qui les console, n'aient pas autant besoin de Dieu; car le Seigneur, les pourvoyant par ses créatures, se contente à leur egard de cette providence générale, suffisante et paternelle; mais ceux à qui tout défaut, tout manque, ce sont ceux-là auxquels Dieu ne défaut et ne manque jamais. Il court à eux en personne; il y court avant même qu'on l'en prie. Vous souvient-il de ce pauvre

abandonné qui avait langui trente-huit ans
sur le bord de la piscine, faute de quelqu'un pour l'y jeter ? Jésus-Christ va droit
à lui, offre ce qu'il n'eût osé espérer, et
de tant de malades couchés autour de
cette piscine miraculeuse, lui seul est si
heureux que d'être soulagé et guéri le premier, par la main secourable, amoureuse
et toute-puissante du Dieu sauveur. Rap-
pelez vous encore ce malheureux para-
lytique, délaissé de tout le monde, et de
son âme propre qui ne pouvait plus l'aider,
en faisant jouer le ressort de ses nerfs : en
cet extrême abandonnement Dieu inspira
à quelques bonnes personnes la pensée de
le descendre sur son lit par le toit de la
maison où était entré Notre-Seigneur. Le
divin Maître, touché de commisération,
le guerit sur-le-champ. Avez-vous oublié,
cette pieuse Tabita, morte et, par conséquent, dans un abandon qui paraissait

sans remède ? Les pauvres qu'elle avait secourus, les veuves qu'elle avait consolées, environnèrent saint Pierre, en lui montrant les vêtements qu'elle leur avait façonnés de ses mains bénies ; et le saint apôtre, ému de pitié, ressuscita leur chère trépassée. A qui fut envoyé le prophète Élie durant la famine, sinon à cette veuve réduite en si grande indigence, qu'il ne lui restait plus qu'un peu d'huile et de farine pour faire un petit gâteau, et mourir après ? C'est là que Dieu va volontiers ; c'est là qu'il envoie ses prophètes et ses apôtres ; ses grâces et ses secours. C'est le Seigneur qui remplit les vides que les créatures ne peuvent combler. Quand il trouve un cœur vide de toute chose créée, il prend plaisir de le combler de lui-même. O l'heureux malheur, qui est l'occasion d'une si grande et si incomparable félicité !

L'abandonnement peut être si extrême,

la douleur du cœur si pénétrante, et l'amour de Dieu si parfaitement épuré par cette pure souffrance, que l'âme s'échappant du corps pourrait bien aller tout droit au ciel, sans toucher le purgatoire.

Quelle fortunée déréliction qui fait gagner le paradis si facilement ! Je vous ai abandonné l'espace d'un moment, et tout aussitôt je vous ai dégagés, dit le Seigneur, pour vous placer dans les douceurs inexprimables d'un repos éternel. Quand une mère oublierait le fils de ses entrailles et l'enfant de son cœur, moi, je ne vous oublierai jamais. Je vous presserai sur mon sein ; je vous comblerai de mes caresses.

Est-ce être abandonné que d'avoir sa demeure dans le cœur de son Dieu ?

Jamais Joseph n'eût été vice-roi d'Égypte, si ses frères ne l'eussent trahi et vendu.

Saint Bernard tient que ces âmes si désolées, qui ont néanmoins essayé de servir Dieu fidèlement, le bénissant le moins mal qu'elles ont pu dans les peines de leur délaissement, sont abondamment récompensées de lui à l'heure de la mort, par l'assurance qu'il leur donne de leur salut, par une abondance de paix et de jubilation, une tranquillité qui bannit la crainte, une indifférence pure, des excès de consolation intérieure, et souvent même des violents transports d'amour divin. De sorte que ces personnes si éprouvées font une très-belle mort, et louent le Seigneur de leur avoir départi tant de désolations durant leur vie, pour les changer en joies célestes à leur dernière heure. Il est certain que ceux qui ont ressenti de grandes peines le long de leur existence, sont presque toujours visiblement consolés au moment de la mort ; tandis qu'il arrive quelquefois que ceux qui ont reçu beaucoup de saticfactions spirituelles, ont des alarmes et des tentations très-vives à l'aspect du trépas. Et n'est-il pas juste, en effet, que chacun à son tour porte sa croix et boive le calice ? Les tuteurs les plus sévères qui, durant la minorité de leurs pupilles, se montrent si serrés et parcimonieux, sont précisément ceux qui, au jour des noces, ouvrent tout d'un coup un plus grand trésor, donnant à la fois les intérêts et le principal. Le frère de saint Bernard, qui avait eu cent fois en sa vie une vive appréhension de la mort, se trouvant à l'agonie, commença à chanter d'un air si heureux et si ravi, que tous les assistants en pleuraient d'allégresse. Ainsi comme le cygne, il mourait en chantant, et chantait, en mourant, une mélodie qui étonnait la mort même. Il faut avouer que saint Augustin triomphe, en expliquant le quatre-vingt-cinquième psaume de David. David dit : Seigneur, inclinez l'o-

reille, et exaucez-moi ; car je suis pauvre
et indigent. Gardez mon âme, parce que
je vous suis fidèle, ô mon Dieu : sauvez
votre serviteur qui espère en vous. Ayez
pitié de moi, parce que je vous implore
durant tout le jour, répandez la joie dans
mon cœur, parce que j'élève sans cesse
mon cœur vers vous. Vous êtes donc,
Seigneur, facile à fléchir, riche en miséricorde pour tous ceux qui vous invoquent.
Nul n'est comme vous parmi les dieux ; aucune œuvre n'est semblable à la vôtre.
C'est vous qui êtes grand, c'est vous qui
opérez des prodiges ; vous seul êtes Dieu.
Que la crainte de votre nom répande la
paix dans mon cœur. Seigneur, mon Dieu,
je vous louerai de tout mon cœur ; je glo-
rifierai votre nom à jamais. Parce que votre
immense miséricorde s'est répandue sur
moi, et que vous avez tiré mon âme des
abîmes de l'enfer. Seigneur, vous êtes le

Dieu compatissant, doux et patient, prodigue de miséricorde et de vérité.

Écoutez maintenant saint Augustin; mais écoutez-le attentivement.

J'ai élevé mon âme vers vous, et comment? Comme je l'ai pu; comme vous m'en avez donné la force. Vous êtes doux, supportant mes infirmités : fortifiez-moi, et je ferai de mieux en mieux, et je serai ferme. Si je ne puis vous rien dire de bon, Jésus-Christ, votre Fils, qui est mon avocat, vous parlera pour moi; le Saint-Esprit, qui repose dans nos cœurs, m'inspirera ce qu'il faut que je dise, et il daignera prendre la parole en ma place. Si ces deux avocats veulent bien prendre ma défense (et ils me l'ont promis de leur grâce), dois-je craindre de perdre le procès que j'ai avec votre justice?

Si vous savez bien vous humilier, ne craignez pas d'être damné; l'enfer n'est pas pour les humbles, ni les humbles pour l'enfer. Ce que Dieu prétend en cet abandonnement que David nomme enfer, c'est que vous deveniez très-humble, et que non-seulement vous reconnaissiez, mais que vous goûtiez et savouriez bien votre néant. Ne vous mettez donc en peine de rien que de vous abaisser devant la grandeur de Dieu ; de vous anéantir profondément, non pas de parole, ni de quelque légère pensée, mais d'un vif, cordial et solide sentiment. Et si vous parvenez à gagner ce point-là sur vous, quelque à plaindre que vous pensiez être, assurez-vous, au contraire, que vous êtes un des hommes les plus heureux de la terre. Songez que ceux qui vivent dans les consolations sont dans de grands dangers pour leur salut : ces hautes et ravissantes lumières qu'ils reçoivent, les emportent, s'ils n'y prennent garde, dans le tourbillon d'un orgueil qui les rend si pleins d'eux-mêmes, si insolents, si opiniâtres en leurs propres sens, si méprisants envers leurs frères, que, bien qu'ils profèrent des paroles de grande humilité, et qu'il leur semble qu'ils ne respirent que leur néant devant Dieu ; hélas ! cette humilité est souvent toute remplie d'un amour-propre très-subtil, et d'une vaine complaisance si fine, qu'on aurait peine à y croire. Souvenez-vous de ce que nous dit saint Paul, qu'il fallut qu'un ange de Satan lui fût donné pour le souffleter, afin qu'il ne se laissât pas enorgueillir par ses sublimes extases. Voulez-vous faire l'expérience de ce que je viens de vous dire ; contredisez en quelque chose ces personnes favorisées de tant de consolations ; méprisez-les tant soit peu, laissez voir que vous ne faites pas grand cas d'elles ; raillez ce qu'elles font ; et vous verrez si dans leur cœur ne germera pas de l'absinthe ; si elles ne laisseront pas paraître une certaine indignation, et si elles ne feront pas éclater quelques petites vengeances. On couvrira bien cela d'une apparence de zèle, mais en bonne vérité, ce ne sera qu'un vrai et misérable orgueil. Dieu donc qui a des âmes d'élite qu'il veut épurer, les réduit à un abandonnement si absolu, qu'elles sont forcées de s'anéantir devant le Seigneur; et leur misère est si évidente à leurs yeux, que, lorsqu'on leur dit que c'est par une humilité exagérée qu'elles parlent si bassement d'elles-mêmes, elles protestent, et l'assurent de bon cœur, que ce n'est là que pure et entière vérité.

Vous voyez donc que Dieu vous fait un très-grand bien lorsqu'il daigne vous faire marcher par une voie si certaine et si salutaire.

CHAPITRE XIV

Quelle doit être la dévotion d'une âme qui est désolée et dans des aridités extrêmes.

En cette extrémité de déréliction, je ne
vous demande de la part de Dieu, pour
toute dévotion et pour toute vertu, que
trois actes, à savoir : premièrement, contrition ; deuxièmement, humilité; troisièmement indifférence.

Contrition, ou désir de l'avoir, et à cette
fin dire souvent à Dieu, le moins mal que
vous pourrez : *Tibi soli peccavi : Deus,
propitius esto mihi peccatori.*

Humiliation, pour faire, de temps en
temps, hommage à Dieu, et lui dire, n'o-
sant lever les yeux au ciel : *Ego autem sum
vermis et non homo, opprobrium hominis et
abjectio plebis.*

Indifférence, se contentant de tout ce

que Dieu voudra faire de nous, et dire : *Pater, non mea voluntas fiat, sed tua.* Cela étant, donnez-vous du repos, et un grand repos, car vous êtes en chemin de vous voir un jour un grand saint dans le paradis.

Vous serez bien surpris, sans doute, si je vous dis que cet abandonnement est comme l'anneau d'alliance que Dieu contracte avec ses âmes les plus chères ; que c'est une marque très-particulière de votre prédestination. Supposez que cette aridité extrême vous arrive par votre faute, ou en punition de vos péchés ; ou enfin que le Seigneur vous l'envoie par un dessein spécial de sa Providence, c'est toujours un effet d'une grande tendresse de son amour, et un signe qu'il ne veut pas vous perdre ; car Dieu ne châtie jamais deux fois une même faute. Puisque donc il fait subir à votre âme un enfer passager dans cette amère déréliction, c'est une preuve quasi évidente, que vous ne serez pas précipité dans l'enfer éternel, où sont renfermés ses ennemis. Tenez bon seulement, et soyez-lui fidèle. Saint Thomas dit que la vraie dévotion, c'est d'être prêt à tout ce que Dieu voudra : ayez donc cette bonne volonté-là, et vous voilà au sommet de la piété solide.

Ne laissez jamais vos exercices en cet état d'abandonnement et de stérilité, et croyez un grand homme qui dit, que le peu que vous faites en cet état est peut-être plus éminent, plus agréable à Dieu, plus riche de mérites, que si vous aviez cent visions dans la réjouissance des consolations spirituelles.

Tâchez d'imiter Notre-Seigneur, qui, pouvant se consoler dans son agonie et s'en délivrer, ne voulut pas le faire, bien qu'il lui eût été facile de faire venir immédiatement à son secours plus de douze légions d'anges. Il n'en accepta d'autre que celui de cet esprit céleste qui vint lui présenter le calice en l'exhortant à le boire jusqu'à la lie. Dites au Seigneur qu'alors même que vous pourriez vous guérir, vous ne le feriez point, puisque son bon plaisir est que vous demeuriez dans ces délaissements.

Quand saint Paul, disait : Notre conversation est dans le ciel : je crois, dit saint Chrysostome, que le grand Apôtre se trouvait en ce moment dans un cachot infect, de quelque prison ténébreuse et horrible, abandonné de toutes les créatures.

Le saint homme Élcana, voyant que sa femme Anne se désolait de sa stérilité, qui était aux yeux des Juifs une malédiction, la consolait en ces termes : Anne, pourquoi t'affliges-tu ? Ne suis-je pas meilleur pour toi que dix enfants ? ainsi Dieu voulant épurer une âme, et ne voulant pas qu'elle partage son amour avec les créatures, les joies spirituelles, les consolations pieuses, quelque pures qu'elles soient, la rend stérile de toutes ces douceurs, la place dans l'abandonnement et lui dit : N'est-ce pas assez que je t'aime, et que tu m'aimes? En possédant mon cœur et mon pur amour, n'as-tu pas des biens plus précieux que si je te donnais toutes les joies des anges et toutes les délices du paradis ? je ne te demande que ton amour, ne dois-tu pas aspirer uniquement à posséder le mien, sans te mettre en peine de toutes les choses qui peuvent d'ailleurs émaner de ma libéralité ?

Désavouez de cœur, de bouche, et même par écrit, si vous le voulez, toute cette assemblée de pensées mauvaises qui assaillent votre esprit : écrivez ces mots quelque part et lisez-les chaque matin : Mon Dieu et mon Créateur, je renonce à toutes ces pensées malheureuses qui persécutent mon âme : j'en souffrirai la peine, puisque vous le voulez, tant que cela vous plaira; mais plutôt mourir de dix mille morts que de consentir à une seule, ni à jamais faire volontairement un péché même véniel. O mon Dieu, parlez et répondez pour moi, puisque ces tentations me font une si rude violence, qu'il me semble que je ne puis répondre aucunement. O mon Seigneur et mon tout, vous serez à jamais le roi de mon cœur, et je serai le vôtre durant toute l'éternité.

Les saints docteurs s'étonnent de ce que Notre-Seigneur donna le paradis à si bon marché au larron crucifié, tandis qu'il le vend si chèrement à ses meilleurs amis. Mais plusieurs de ces docteurs répondent à cela, que le divin Sauveur aima et admira la pureté d'intention de ce voleur, qui ne lui demanda point d'être déchargé de sa croix, délivré de la mort, ni de la confusion, ni même d'entrer dans le ciel, mais seulement de se souvenir de lui, misérable voleur, quand il serait dans son royaume. Toute sa dévotion consiste en ce peu de mots : Que Dieu m'aime, se dit-il, qu'il pense à moi, et je suis content. Cette sublime résignation plut tellement au divin Maître, qu'il donna sur-le-champ le ciel à cet heureux converti.

Allez, chère Anne, faites comme ce larron : supportez valeureusement votre mal ; ne criez pas tant à l'aide et au secours ; dites simplement au Seigneur qu'il daigne se souvenir de vous, et ne doutez pas qu'il ne le fasse. Les ermites avec des méditations infinies n'eussent pas gagné davantage.

Il arrive souvent, dans l'horreur de ces déserts du délaissement, ce que saint François Xavier, racontait d'une terre des Indes peuplée de barbares et de monstres, dépourvue de toute rosée rafraîchissante, et cependant la plus riche qui fût au monde en pierres précieuses et en trésors cachés dans ses entrailles. Ce fut précisément sur ce sol, en apparence si aride et si désolé, que le saint reçut une si grande abondance de grâces et de joies divines que son cœur ne pouvait plus les soutenir. Hélas! nous aussi, si nous étions fidèles dans cette solitude de la déréliction, quelles perles magnifiques, quels diamants mystérieux, quelles richesses de vertus et de mérites, n'y trouverions-nous pas pour nos âmes!

Il me vient, à ce propos, le souvenir des paroles du vertueux Sole, dignes d'être enchâssées ici, et plus encore au milieu de nos cœurs : Mets, dit-il, les paroles de Dieu dans ton cœur, et, au lieu de la poussière, il te donnera de l'argent pur; des torrents d'or s'échapperont pour toi de la pierre, à l'heure où tu t'appuieras sur le

Seigneur, tu abonderas en délices; au moment où tu te tourneras vers lui, il exaucera ta prière, tu seras inondé de ses lumières divines; il accomplira tous tes désirs; parce que celui qui aura été humilié sera élevé en gloire, que l'innocent sera sauvé dans la candeur de sa vie et la pureté de ses mains.

Remarquez ces trois mots : poussière, pierres, délices, ne veut-il pas dire que souvent Dieu donnera à ceux qui abandonnent les délices de la terre, les pierres cruelles des tentations qui menacent de les accabler sur leur dureté inflexible? car au milieu de ces pierres symboliques, on ne ressent ni douceur, ni tendresse, ni sentiment quelconque de dévotion; mais quand il plaît au Seigneur, il change soudain l'aridité de la poussière, et la stérilité de ces fragments de roche, en des fleuves d'argent, en des rivières d'or, et l'âme se trouve au milieu de l'abondance de tous les trésors du ciel.

Figurez-vous que Dieu agit avec vous, dans ces dérélictions, comme agissent ceux qui confessent un sourd-muet, avec leur pénitent. Cet infortuné, ne pouvant parler, et par conséquent accuser ses péchés, tantôt regarde le ciel d'un regard amoureux et larmoyant, tantôt se prosterne et baise la terre : un moment, il joint les mains sur son cœur, un autre, il se frappe la poitrine; en un mot, il fait tout ce qu'il peut pour exprimer ce qu'il ne saurait dire : aussitôt le confesseur lui donne l'absolution. De même que ce sourd-muet, quand vous ne pouvez rien dire au Seigneur, tant l'excès des délaissements intérieurs vous ôte la faculté de parler, embrassez votre crucifix, baisez son côté sanglant; pressez sur votre cœur une image de la sainte Vierge; regardez le ciel, sou-

pirez, gémissez; confessez-vous souvent,
quelles que soient vos aridités, communiez fréquemment, faisant ainsi descendre
Jésus-Christ dans votre âme desséchée,
comme autrefois Joseph, le Sauveur figuratif de l'Écriture, descendit dans la citerne
tarie du désert. Attachez secrètement vos
lèvres à la terre pour vous humilier; faites
des aumônes aux prisonniers et aux pauvres; considérez les images des saints et
les tableaux qui représentent leurs saintes
œuvres. Ces beaux exemples entreront par
vos yeux dans votre âme; multipliez le signe de la croix, qui est l'arme invincible
du Dieu tout-puissant; répétez cent fois les
doux noms de Jésus et de Marie, et encouragez votre cœur en lui disant, que la lutte
est courte et que la récompense est éternelle.

Dieu entend parfaitement un tel langage,
il prend plaisir à cette confiante simplicité;

il fera tout ce que vous voudrez; il vous
absoudra de vos fautes; il vous donnera
un jubilé et le paradis au terme.

* * *

CHAPITRE XV

Les grandes tendresses du cœur dans ces abandonnements et ces désolations.

Je ne saurais me lasser de dire et de redire ces divines et tendres paroles de Jésus-Christ : Je suis la résurrection et la vie;
celui qui croit en moi, quand il serait mort,
vivra ; et quiconque vit et croit en moi, ne
mourra point éternellement. Dans un autre endroit, il s'écrie : Si vous aviez la foi,
de la grosseur seulement d'un grain de sé-
nevé, vous commanderiez aux montagnes,
et elles se transporteraient de leur place
dans la mer. Tout est possible à celui qui
croit.

Eh quoi ! n'auriez-vous pas autant de foi que la valeur de cette petite graine, la plus minime qui soit au monde? Quand il serait mort, celui qui a cette foi, il vivra : quand il serait déjà en dissolution, je le ressusciterai; quand il serait à demi dans l'enfer, cette foi, animée par la charité, le retirerait de l'abîme. A elles deux, elles dissipent toutes les ténèbres, et changent les douleurs de l'enfer en célestes et éternelles délices. O vous qui croyez, Dieu vous promet de vous faire trouver la vie dans le sein de la mort; le paradis dans les profondeurs du précipice, et au milieu de ce martyre des complets abandonnements, toutes les consolations réservées aux bienheureux.

On est touché de reconnaissance et d'admiration, quand on voit comment Dieu daigne plaider notre cause, et, au lieu de se montrer notre juge, veut bien se faire notre avocat. Venez, dit-il, et reprenez-moi si je manque à ma parole, et si je suis infidèle à mes promesses. Ineffable bonté du Créateur de l'univers, en voulez-vous bien venir jusque-là, et vous condamner vous-même, s'il se trouve une seule âme qui, ayant eu confiance en vous, ait jamais été trompée dans son espoir ! Le savant Tertullien remarque une chose bien consolante pour les âmes affligées, à savoir, que la légion des démons chassée par Notre-Seigneur ne put faire aucun mal à un vil troupeau de porcs, ni à leur arracher un filament de leurs soies, sans la permission du divin Maître : or, s'il a soin des plus grossiers animaux, combien plus en aura-t-il de ses bons serviteurs ! Il a assuré que tous ceux qui se confient en lui ne périront pas éternellement ; qu'un seul de nos cheveux ne tombera pas de notre tête sans son adhésion qu'il tient perpétuellement ses yeux attachés sur nous ; qu'il sera à jamais notre bon père, notre aimable pasteur, le doux hôte de nos âmes, l'avocat de notre salut ; notre caution, notre rachat, notre inséparable compagnon dans les travaux de notre exil, il nous donne son corps sacré pour nourriture, son sang divin pour breuvage ; son cœur pour asile et pour refuge. Il répète qu'il nous aimera comme son père l'a aimé ; et que nous ne serons qu'un avec lui, comme il est un avec son père, nous savons que, si c'était nécessaire, il mourrait encore sur la croix pour nous. J'ai déjà rappelé les paroles par lesquelles il afûrme que nous lui sommes aussi chers que la prunelle de ses yeux, que ses propres entrailles, que son cœur même, et que tout ce que nous demanderons en son nom nous sera accordé.

Fiez-vous donc à lui ; jetez votre cœur dans le sien, et puis, s'il ne tient pas ses promesses, allez hardiment en donner assignation par-devant son père éternel, puisqu'il le veut ainsi ; plaidez fortement contre lui ; vous aurez un arrêt en votre faveur. Que si, par malheur, le juge divin vous condamne à la cour de sa justice, appelez-en à celle de sa miséricorde : là, alléguez les mérites du Sauveur de nos âmes, son sang, ses larmes, ses plaies, sa mort ; pleurez, gémissez, suppliez, conjurez, et ne doutez pas qu'enfin votre cause soit gagnée à jamais ; car, dit saint Chrysologue, Dieu aimera mieux lacérer sa sentence, et se condamner lui-même, que d'envoyer aux supplices éternels une âme qui a mis toute son espérance en ses saintes bontés.

Souvenez-vous quelquefois de la réponse que le Seigneur fit à saint Paul qui le suppliait afin d'obtenir la délivrance d'une accablante tentation : ma grâce te suffit ; la vertu se perfectionne dans l'infirmité. Et puisqu'il en est ainsi, dit ce divin apôtre, à Dieu ne plaise que je me glorifie en autre chose que dans la croix de Notre-Seigneur ! Oui, car au fort de mes maux, je sens parfois tant de consolations ; je suis inondé de tant de bénédictions célestes, que je suis résolu de ne me vanter de rien que des souffrances qui me tuent, afin que l'abondance des grâces de Notre-Seigneur Jésus-Christ puisse demeurer dans mon cœur.

Il dit vrai; car, à mesure que la bonne providence permet aux afflictions de nous accabler, elle répand aussi dans nos âmes de douces lumières et des faveurs précieuses, qui nous rendent heureux dans l'excès même de nos douleurs. David l'avait enseigné à saint Paul : Selon, dit-il, la grandeur des tristesses qui m'ont serré le cœur, vos douceurs, ô mon Dieu, ont réjoui mon âme. Et ailleurs encore : Remplissez nos cœurs de joie ; faites-nous oublier les jours de nos misères, les années de nos douleurs. Croyez, mes frères, dit saint Jacques, que vous aurez trouvé toute joie et le trésor des consolations véritables, lorsque vos cœurs seront plongés dans les flots agités de la tribulation. Bienheureux, est-il écrit, celui qui souffre la tentation, parce qu'après avoir été éprouvé, il recevra la couronne d'une éternelle gloire.

Le miel se trouve dans le désert ; la manne tombe quand la farine d'Égypte manque avec toutes les provisions de la terre ; l'eau vivifiante ne s'échappe du rocher que lorsqu'on a atteint l'extrémité d'une soif consumante.

CHAPITRE XVI

Exemples et paroles des saints de l'Ancien Testament,
quand ils étaient dans ces états douloureux.

Il faut, dans ces pénibles abandonnements, imiter la conduite que les saints ont
tenue dans une situation semblable. Tous
les jours donc, prenez un de ces divins
personnages pour votre avocat, et servez-
vous des paroles dont lui-même consola
son cœur et fortifia son âme dans des ren-
contres analogues.

Répétez souvent ces paroles bénies. Mais
comme la nature humaine se lasse bientôt
des mêmes choses, quelque bonnes qu'elles
puissent être, changez souvent vos petites
dévotions pour y revenir ensuite, afin de
tromper pieusement ainsi et votre mal et
votre cœur.

Laissez-moi vous proposer d'abord pour

modèle, le fidèle et obéissant Abraham. Plein d'une humilité profonde et d'une confiance cordiale, il disait à Dieu : Je parlerai à mon Seigneur, bien que je ne sois que cendre et poussière. Dites aussi : Oui, Seigneur, je suis brisé, et comme réduit en cendre par la douleur, et cependant je m'adresserai à mon Dieu ; je parlerai à mon bon maître pour le supplier d'avoir quelque commisération de mes peines amères.

Imitez-le encore, lorsque, se voyant à deux doigts de sa perte, sans aucun espoir de secours, il dit à Sara : Sara, si vous m'aimez, dites que vous êtes ma sœur, afin qu'on épargne ma vie, pour l'amour de vous. Adressez les mêmes paroles à la très-sainte mère de Dieu : *Dic, obsecro, quod soror mea sis, ut mihi bene sit propter te, et vivat anima mea.* O Reine du ciel, très-puissante et très-douce, vous voyez où j'en suis venu de tristesse et de désolation !

Hélas ! dites que vous êtes ma sœur, ou mieux encore, ma bonne mère, afin qu'à votre considération, Dieu daigne redonner la vie à mon âme et le repos à mon cœur ! Souffrirez-vous, mère de toutes les consolations, que la douleur m'accable entièrement, sans m'assister de votre souverain secours ?

Placez ensuite sous vos yeux l'innocent Isaac qui, voyant les apprêts d'un sanglant sacrifice, sans en connaître la victime, dit ingénument à son père, en lui déchirant le cœur sans le savoir : *Ecce ignis et ligna, ubi est vitima holocausti?* Voici le feu et le bois, mais où est l'agneau pour l'holocauste? Puis, aussitôt qu'il connut la volonté céleste, le saint enfant s'immola à Dieu de tout son cœur, lui offrant sa tête, sa vie, son être tout entier. Quand votre cœur est tout bouleversé, qu'il semble qu'il va être déchiré et mis en lambeaux, dites au souverain créateur : Qui veut-on immoler ici, ô mon doux Seigneur et Maître? où est la victime? Il vous répondra secrètement : C'est vous qui êtes l'holocauste. Baissez donc la tête; adorez ses desseins; abandonnez-vous à lui, et vivez en repos et en silence. Si vous le voulez encore, agissez comme Jacob; luttez avec Dieu dans un combat plein d'amour; faites la guerre à sa sainte bonté, quand il semble qu'il vous oublie, et qu'il vous a comme abandonné. Dites-lui avec courage, en vous roidissant contre le malheur : Je ne vous quitterai pas que vous ne m'ayez donné votre bénédiction. Non, non, mon Dieu, ne pensez pas que je vous quitte et que je vous abandonne jamais; car je suis décidé à mourir à vos pieds, plutôt que de jamais m'éloigner de vous. Je vous ai donné mon cœur d'une manière irrévocable. Quoi ! vous voudriez rompre ce contrat, et me chasser loin de votre divine face ? O vous, toute la joie de mon âme, traitez-moi, si vous le voulez, avec toutes les rigueurs possibles, je resterai invinciblement à vos genoux, et je me promets de votre souveraine clémence que vous me bénirez enfin, mon aimable Sauveur !

Joseph et Jonas, l'un jeté dans les profondeurs d'une citerne aride, l'autre dans la gueule d'un épouvantable monstre, menacés tous les deux de la mort, sans espérance de salut, élèvent cependant leur prière au Seigneur, et obtiennent leur délivrance. Du sein des enfers, j'ai crié vers vous, dit le prophète désobéissant, et vous avez exaucé ma prière ! Vous m'avez abîmé dans les flots de l'Océan ; et tous ses orages, passant sur ma tête, m'assiégeaient de tout côté ; vous m'aviez entièrement abandonné, et je disais en moi-même : Puisque Dieu m'a rejeté, me voilà perdu ! Les eaux ont submergé mon âme; je suis englouti dans les gouffres sans fond des mers. O Seigneur, du milieu de ces désolations extrêmes, j'ai élevé mon cœur vers vous. Vous avez eu pitié de mes misères; Grâce à vous, me voilà sur le rivage; je revois la lumière du ciel ! que votre saint nom soit béni durant l'éternité ! — Et Joseph, élevé en gloire, dit à ses frères : Ne craignez point; non par votre conseil, mais par la volonté de Dieu, j'ai été envoyé devant vous en Égypte pour votre salut. Le Seigneur m'a établi comme le père de Pharaon, le maître de toute sa maison, et prince dans toute la terre d'É-gypte. Considérez le grand législateur des Hébreux, Moïse : fatigué des longs ennuis du désert, las de combattre sans cesse de nouveaux et plus terribles enne-mis, accablé du fardeau d'une autorité dif-ficile et méconnue : Seigneur, dit-il, les yeux pleins de larmes, mon Dieu, si j'ai trouvé grâce devant vous, faites que je vous voie, et que je vous connaisse. Je vous supplie de me faire voir votre gloire ! Montrez-moi cette force divine pour adoucir l'aigreur de mes travaux. N'aurez-vous point pitié, ô le Dieu de mon âme, n'aurez-vous point pitié de votre pauvre serviteur Moïse, qui vit au milieu de continuelles luttes environné de mille calamités?

O Seigneur, quand verrai-je votre visage? quand me dégagerez-vous des ténèbres de cette misérable vie? ne vous fais-je point de compassion au sein de tant d'ennuis et de douleurs?

Venons maintenant à cet homme extra-ordinaire, dont la force mystérieuse avait opéré tant de prodiges, Samson. Livré par la trahison de Dalila à ses mortels enne-mis, les Philistins, dépouillé de toute sa puissance, avec la longue chevelure qui en était le siége, l'infortuné juge d'Israël, les yeux crevés, les bras chargés de chaînes, infirme, esclave et la risée de ses cruels dominateurs, conduit par eux dans une de leurs assemblées pour leur servir d'amusement, poussa un profond soupir, en voyant que cette multitude attribuait la misère du chef des Hébreux à la bienveillance de l'idole Dagon. Puis, s'adressant au Seigneur, il lui dit : Seigneur, mon Dieu, souvenez-vous de moi ; rendez-moi maintenant ma première force, afin que je me venge de mes ennemis, à cause de la perte de mes deux yeux.

Et, prenant les deux colonnes sur lesquelles le temple était appuyé, tenant l'une de la main droite, et l'autre de la main gauche, il s'écria : Que je meure avec les Philistins ! Ensuite il ébranla fortement les colonnes, et le temple tomba sur la foule qui y était réunie. Imitez ce grand cœur, et, vous voyant accablé d'une troupe maudite qui vous tient en servitude, ayez recours au ciel, et criez : *Domine, Deus !* Sauriez-vous être plus abandonné que celui à qui tout défaut, hormis sa fidélité et le courage de mourir bravement malgré tous ses malheurs ?

Dites encore, comme cette vierge, fille de Jephté, vrai symbole d'une âme désolée et qui semble livrée à toute l'infortune possible. Cette douce colombe, se voyant destinée au sacrifice, dit à son malheureux père : Mon père, si vous avez fait vœu au Seigneur, après la vengeance et la victoire qui vous ont été accordées sur vos ennemis, faites de moi tout ce que vous avez promis. Ma vie, vos désirs, votre amour et le mien ne sauraient être mieux employés qu'en étant sacrifiés à sa gloire et à son service. Je serai heureuse de vivre et de mourir comme sa sainte providence a ordonné que je vive et que je meure.

Ne sauriez-vous pas parler aussi généreusement que cette tendre vierge, qui ayant pleuré deux mois son malheur, en errant sur les montagnes, s'offrit à la volonté divine, et lui sacrifia ce qui faisait la joie et la gloire de toutes les filles d'Israël, l'espérance de devenir la mère du Messie.

Répétez parfois les paroles de Booz à Ruth, pauvre jeune femme qui avait tout perdu, excepté sa belle-mère, la triste Noémi : Quand ce sera l'heure de manger, venez ici, et mangez le pain, et trempez-le dans le vin. N'allez pas glaner dans un autre champ ; ne vous éloignez pas de ce lieu ; mais joignez-vous à mes servantes. C'est comme si je vous disais, pouvait ajouter le saint vieillard, hélas ! quelque désolée que vous puissiez être, ne vous découragez point, je vous prie ; trempez plutôt votre pain dans le vin d'une sainte espérance qui réjouit le cœur ; allez glaner après les moissonneurs du ciel; ramassez les exemples confortants de leur vie et de leurs œuvres, voyez ce qu'ils ont souffert, et, cela bien considéré, vos maux vous sembleront petits, et vos amertumes deviendront savoureuses. Voudriez-vous donc acheter le paradis! Fera-t-on pour vous un nouveau chemin, un nouveau décalogue, un nouveau ciel !

Oh! que le langage d'Anne, la plus désolée des femmes, vous consolera puissamment, si vous savez le tenir comme elle : « Mon cœur a tressailli dans le Seigneur, et ma force s'est exaltée en Dieu; ma bouche s'est ouverte sur mes ennemis, parce que j'ai attendu la joie de son secours. Le Seigneur tue et vivifie; il conduit aux enfers et il en ramène. Il tire l'indigent de la poussière et le pauvre du fumier; il le fait asseoir parmi les princes, sur un trône de gloire. Ah ! que mon cœur est plein d'allégresse quand il se jette dans le cœur de son Dieu ; quand il apprend les procédés de Dieu qui consistent à plonger ses amis dans les abîmes des abandonnements, pour les élever tout à coup sur les ailes des anges.

Qu'en vérité le roi David méritait bien d'être le roi des hommes, lorsqu'il disait au triste jour de sa fuite, et dans la cruauté de son malheur, au moment où Séméï, fils de Géra, le maudissait : Laissez-le maudire selon le commandement du Seigneur ; et peut-être que le Seigneur regardera mon affliction, et me rendra quelque bien pour cette malédiction d'aujourd'hui. Laissez, mes amis, laissez, qu'on me charge d'opprobres, et qu'on m'accable entièrement puisque la sagesse divine l'a ainsi ordonné. Qui sait si Dieu n'a pas permis ce grand malheur pour mon bonheur souverain ? qui sait s'il ne veut pas me relever par ce profond abattement? qui sait encore si le moyen de me replacer sur le trône n'est pas de me chasser ainsi comme un banni, et de me livrer à ce complet dépouillement? Oh! qu'il fait bon laisser faire le Dieu tout-puissant, et se laisser mener par un si sage conducteur!

Ce saint roi vous apprendra encore, dans l'harmonie de ses cantiques, beaucoup de paroles divines pour enchanter ce follet de Saül, cet esprit méchant; pour chasser ce démon de la mélancolie et de la jalousie qui remplissait de tristesse et de fureur ce misérable prince. Parmi ces chants mélodieux, il vous dira : *Dominus regit me, et nihil mihi deerit.* Le Seigneur me conduit et rien ne me manquera.

Si consurgant adversum me castra, non timebit cor meum, etc., quand toutes les armées de l'enfer s'élèveraient contre moi, mon cœur ne tremblerait pas, puisque Dieu est mon défenseur.

Cùm defecerit virtus mea, ne derelinquas me, usque ad senectam et senium. Quand toute ma vertu m'aura abandonné, vous serez ma force et mon secours.

Ne projicias me à facie tua, et spiritum sanctum tuum ne auferas à me. Ne me rejetez pas de votre présence; ne retirez pas de moi votre Esprit-Saint.

Quis sicut Dominus Deus qui in altis habitat et humilia respicit in cœlo et in terra? Qui est semblable au Seigneur Dieu, qui du haut du ciel abaisse son regard sur les humbles de la terre?

Nonne Deo subjecta erit anima mea, etc.? Mon âme ne sera-t-elle pas soumise à Dieu?

Quàm bonus Israel Deus his qui recto sunt corde! Que le Dieu d'Israël est bon à ceux qui ont le cœur droit!

Respice in me, et miserere mei, quia unicus et pauper sum ego. Regardez-moi, Seigneur, et ayez pitié de moi, parce que je suis seul et pauvre.

Cum ipso sum in tribulatione, eripiam eum, et glorificabo eum. Je serai avec lui dans la tribulation, et je l'en ferai sortir avec gloire.

Tu, Domine, servabis nos, et custodies nos à generatione hâc in æternum. C'est vous, Seigneur, qui nous garantirez de cette génération maudite qui veut vous accabler.

In te, Domine, speravi, non confundar in æternum. Seigneur, j'ai mis en vous mon espérance, je ne serai pas confondu à jamais.

Dixi Domino : Deus meus es tu. J'ai dit au Seigneur : Vous êtes mon Dieu !

Esto mihi in Deum protectorem, et in domum refugii ut salvum me facias. Soyez mon protecteur, mon refuge, et sauvez-moi, ô le Dieu de mon âme.

Qui confidit in Domino sicut mons Sion, non commovebitur in æternum. Celui qui se confie dans le Seigneur, sera inébranlable comme la montagne de Sion.

Qui habitat in adjutorio Altissimi, in protectione Dei cœli commorabitur. Celui qui habite dans la demeure du Dieu du ciel sera assuré de sa protection.

Beatus vir qui sperat in eo. Heureux l'homme qui espère en lui !

Mais il y a dans ces divins cantiques une si grande et si puissante abondance de ces paroles efficaces, qu'il n'est pas possible de les citer toutes. Choisissez-en selon votre goût, ayez ce choix écrit en un très-petit format, afin qu'il soit toujours sous votre main, et rendez ces versets sacrés très-familiers à votre esprit et à vos lèvres. Tant que David sera avec vous et que vous serez avec lui, vous aurez de grands moyens de vous soutenir et de vous consoler dans vos dérélictions.

Arrêtons-nous maintenant devant une

autre des belles et saintes figures de l'Ancien Testament, c'est celle de Tobie. Ce fidèle serviteur de Dieu était tombé dans une telle extrémité de douleur, que, non content d'avoir perdu la vue, il aurait encore voulu perdre l'ouïe pour ne pas entendre les reproches amers et injustes de sa femme et de ses parents. Cependant, au lieu de murmurer et de se plaindre, ce saint homme parlait ainsi à son fils : Ne crains point, mon enfant; il est vrai que nous menons une vie pauvre, mais nous aurons de grandes richesses, si nous craignons Dieu, si nous évitons tout péché, et si nous faisons le bien.

Mon Seigneur et mon Dieu, oh! les douces paroles!

Et le bienheureux vieillard ajoute : Nous sommes les enfants des saints, et nous attendons cette vie que Dieu donnera à ceux qui n'abandonnent pas la foi qu'ils lui ont promise. O mes amis, ô mon épouse, ne perdez donc point courage ! Le ciel vaut mille fois plus que les petites et rapides épreuves de la vie présente.

Voilà comment parlent les saints, et leur cœur se remplit de douceurs divines à la seule pensée de la gloire éternelle.

Tout le *Livre de Job* est plein de ces espérances du ciel, de ces secours du paradis ; mais rien n'y touche plus vivement le cœur désolé que ce mot digne de cet homme de foi par excellence, et digne aussi du Dieu qui le lui a inspiré : Quand il me tuerait, j'espérerais encore en lui, et il serait mon Sauveur. Ah ! je ne le sens que trop, oui, je sens que mon Dieu s'est retiré de moi ; il se cache maintenant et ne fait plus éclater ses splendeurs aux regards de mon âme. Il semble qu'il est prêt à me foudroyer, me tenant pour son ennemi ; il emprunte le visage de la fureur pour me jeter dans l'épouvante; mais il fera tout ce qu'il jugera bon ; je n'ignore pas qu'il est mon créateur, et qu'il ne méprise pas ses créatures ; aussi j'espérerai toujours en lui; car je sais que mon Rédempteur est vivant, et que je verrai mon Dieu dans ma chair ; je le verrai de mes yeux, et non pas un autre : cette espérance repose dans mon sein.

Si vous m'objectez que les personnages dont je cite les sublimes exemples étaient des hommes de cœur et de courage, et que, faible et pusillanime, vous ne sauriez les imiter, je mettrai sous vos yeux l'héroïque modèle d'une simple femme, d'une veuve seule et cachée, l'illustre Judith. Abandonnée de tout secours humain, au milieu d'une armée ennemie, saisie elle-même d'une frayeur bien naturelle à son sexe devant la grande et terrible action qu'elle devait accomplir, elle lève sa tête tremblante vers le ciel, et s'écrie : « Seigneur, Dieu d'Israël, fortifiez-moi, et regardez en cette heure les œuvres de mes mains, afin que vous éleviez Jérusalem, votre cité, selon votre promesse, et que j'achève ce que j'ai cru pouvoir faire par vous. » Elle dit, et trancha la tête au cruel Holopherne. Tant il est vrai qu'il n'y a rien de plus magnanime qu'une créature que Dieu soutient et dirige, quelque petite et faible qu'elle soit d'elle-même.

Esther, la tendre Esther, élevée loin du monde, dans la plus profonde solitude, triomphant, par la force de Dieu, de sa timidité, n'affronta-t-elle pas la colère du puissant Assuérus pour sauver la vie de son peuple? L'arrêt de mort était publié, la désolation répandue partout, l'effroi dans tous les cœurs, pas un secours, pas le plus léger espoir du côté des hommes. Dans ce total délaissement, Esther soutient son âme par la pensée de Dieu; elle se dépouille de toute la magnificence royale, se revêt d'un cilice, macère son corps innocent par le jeûne, et, *après avoir invoqué le Dieu qui conduit tout et qui sauve,* elle voit ce Dieu tout-puissant changer pour elle et pour sa nation ce jour d'affliction et de deuil, en un jour de joie et de fête.

Combien le grand Isaïe console les âmes désolées, quand il dit ces paroles au nom du Seigneur : Celui qui vous gouvernera, c'est le Dieu des armées, et il vous défendra puissamment ; il vous a appelée du monde désolée, et vous avez été semblable à une veuve délaissée et rassasiée d'amertume; mais je ne vous ai abandonnée que pour un moment, afin de vous couronner de mes miséricordes. Je vous ai caché un instant la beauté de ma face, et mon courroux n'a fait que passer sur vous. J'ai considéré attentivement l'état misérable où vous étiez réduite, sans aucune sorte de douceur et de consolation ; mais réjouissez-vous parce que ma clémence ne se retirera jamais de vous. Je vous ferai habiter un palais dont les fondements sont de pierres précieuses, les portes de pierreries taillées de ma main, les ornements de saphir et d'émeraude, et je vous donnerai une paix qui ne cessera point. Voilà le domaine que je vous prépare, et l'héritage que vous obtiendrez pour des peines et des travaux d'un jour.

A entendre le prophète, et Dieu même qui parle par sa bouche, ne faudrait-il pas presque désirer cet état du complet abandonnement, pour mériter de voir couler sur ces aridités extrêmes les torrents des délices du ciel ?

Aux grands maux les grands remèdes ; aussi c'est lorsque l'âme est plongée dans l'abîme de ces inexprimables désolations, que le Seigneur l'élève par-dessus les cieux. Laissons parler Ézéchiel : Vous qui étiez misérable, vous m'avez fait pitié en vous voyant couverte d'une si grande confusion. Jérusalem infortunée ! vous étiez dénuée de tout bien et environnée d'horreur : mes yeux vous ont vue en cette calamité, et vous m'avez ému le cœur ! Aussi je l'ai juré, tu es mienne ; je veux être ton guide et ton Dieu. Je t'ai donc purifiée dans les eaux célestes ; j'ai recueilli le sang de tes plaies ; j'ai versé sur toi une huile de parfums odoriférants ; je t'ai parée d'un vêtement splendide, chaussée d'hyacinthe, diaprée de pierreries. J'ai orné tes doigts de perles brillantes ; j'ai mis des rubis à tes oreilles, et j'ai couronné ta tête d'un diadème étincelant. Je t'ai nourrie de miel, de fleur de farine, de mets délicieux ; de sorte que tu es devenue parfaitement belle et digne d'être reine dans le royaume de ton Dieu.

Dites-moi, je vous prie, s'il serait possible que la mère la plus tendre et la plus dévouée pût exprimer son amour à une fille unique, dans des termes plus affectueux et plus charmants? Croirait-on que Dieu decendît à un tel excès de douceur et de tendresse, s'il ne le disait lui-même? Or, partout de sacrés affiquets, de si mignons atours dont il emprunte le symbole, que veut-il signifier, sinon les mille saintes caresses, les ineffables et innombrables consolations dont il entoure et ravit l'âme abandonnée?

Le prophète des douleurs, Jérémie, trouve au milieu de ses larmes mêmes, le même langage de miséricorde et d'amour. J'ai vu, dit-il, cette vierge désolée, fille de Sion, plongée dans un gouffre d'amertume ; mais j'ai résolu de changer ses

tristesses en joies et d'épanouir son cœur
d'allégresse. Je la remplirai de mes biens ;
je l'enivrerai de douceurs, que je n'entende plus la voix de vos soupirs ; que je ne
voie plus les ruisseaux de pleurs que vos
yeux répandent, car je veux récompenser
vos travaux et tarir la source de votre
affliction. Éphraïm est mon fils très-
aimé. Cet enfant, si délicat et si tendre, est
la joie de mon cœur. Depuis que j'ai ouvert la bouche pour le nommer, mon âme
s'est ouverte sur lui, et je ne saurais l'oublier. Mes entrailles se sont attendries à
son sujet ; je veux l'environner de mes
bienfaits.

Ainsi parle le Dieu du ciel et de la terre ;
et voici les pensées de même sorte qu'il
inspire encore à un autre prophète, Baruch :

O Seigneur, ouvrez vos yeux divins, et considérez que ce ne sont point les habitants de l'enfer qui vous louent, mais l'âme triste et accablée de la grandeur de ses peines. Oui, c'est cette âme abattue, gémissante et comme ensevelie dans les profondeurs de ses désolations ; c'est celle-là qui vous honore et qui vous sert selon vos désirs. Enfin vous avez ouvert sur nous les sources abondantes de vos mansuétudes, et vous avez dit : Si vous me servez fidèlement je vous donnerai la terre bénie, promise à mes serviteurs Abraham, Isaac et Jacob. Je vous y rendrai si prospères et si heureux, qu'aucune puissance ne pourra jamais y amoindrir votre félicité et votre gloire.

Quand même l'homme aurait le cœur aussi dur qu'un rocher couvert de glaces éternelles, dites-moi, à vous qui lisez ces lignes, s'il ne faudrait pas que cette pierre et ces neiges se fondissent au souffle brûlant de cet ardent amour ? Qu'y a-t-il de plus merveilleux et de plus admirable que cette ineffable bonté du cœur et de la Providence de Dieu, dans le soin qu'il prend de ceux qui semblent entièrement abandonnés à tous les maux et à toutes les misères ? Citons donc encore quelques traits de cette douceur si attentive et si généreuse.

Daniel et ses compagnons avaient été précipités par l'ordre de Nabuchodonosor dans une fournaise brûlante. Les voilà pieds et poings liés dans cet effroyable brasier ; tout secours humain leur est retiré ; il faut mourir. Mais Dieu, qui veille sur la vie de ses serviteurs, n'a pas besoin de l'aide des hommes pour les tirer du péril. Il envoya donc d'abord un vent léger, dont la douceur rafraîchit ces ardeurs homicides ; ensuite il dépêcha un ange du ciel pour consoler et délivrer ces innocentes victimes. En effet, l'Esprit du Seigneur éteignit ces flammes meurtrières qui ne purent consumer que les liens des jeunes martyrs, et Dieu descendit lui-même dans ce four embrasé pour récompenser le mâle courage de ces enfants, qui avaient mieux aimé s'exposer à une mort terrible que d'offenser leur Créateur, et il changea l'enfer où on les avait jetés en un paradis de délices. Aussi dans ce nouveau ciel, ces heureux adolescents commencèrent à faire ce que font les séraphins dans les demeures éternelles, et se mirent à chanter les ineffables miséricordes du Seigneur dans de ravissantes mélodies :

Grand Dieu de l'univers, regardez-nous en cette extrémité ! considérez nos cœurs brisés et remplis de confusion. Ayez pitié de notre petitesse, et faites-nous éprouver vos suaves miséricordes. Nous vous offrons en holocauste, comme de tendres agneaux, les jours de notre jeunesse et tous les contentements de cette vie. Recevez cette im-

molation par laquelle nous vous abandon-
nons tous les plaisirs et tous les déplaisirs
de nos cœurs. Faites éclater sur nous les
merveilles de vos divines tendresses. Ne
nous délaissez pas dans l'extrémité de nos
douleurs ; mais faites briller sur nous les
rayons éclatants de votre face adorable.
Tirez votre gloire de notre abaissement.
Que votre nom soit béni même aux dépens
de notre fragile existence. Confondez nos
ennemis et les vôtres, et brisez la puissance insolente de ceux qui s'élèvent contre
vous, afin que tout l'univers sache qu'il n'y
a d'autre Dieu que vous seul, et que quiconque s'oppose à vos volontés sera éternellement misérable.

Quel discours pour des jeunes gens
livrés à l'action d'un feu destructeur? Ne
leur était-il pas véritablement avantageux
d'être tombés dans ce grand malheur, pour
expérimenter ce que Dieu a coutume de

faire pour les cœurs les plus abandonnés en apparence, et qui sont arrivés à la plus haute période des souffrances humaines?

L'Apôtre saint Paul, si profondément versé dans les saintes Écritures, se rappelait ces traits admirables de la bonté divine, quand il disait à ses disciples : Dieu est fidèle ; il ne permettra pas que vous soyez tenté au-dessus de vos forces. En effet, la miséricorde du Seigneur est ingénieuse à nous faire tirer profit de tout ce qui nous arrive, et elle se sert de nos plus grandes misères pour nous élever aux plus éminentes hauteurs.

Le temps et la mémoire me manqueraient, si je voulais parcourir toutes les feuilles de la sainte Bible, pour recueillir les discours et les faits qu'elle contient en faveur du sujet que je traite ; néanmoins je ne veux pas terminer ce chapitre, sans rapporter les nobles paroles de ce vaillant Judas Machabée, lorsqu'il se vit accablé par une foule innombrable d'ennemis, et abandonné des siens, tellement qu'il n'en resta que huit cents auprès de lui. Le cœur indicible de Judas défaillit cependant dans un abandon si général ; mais, ranimant sa valeur, il dit à ceux qui étaient demeurés et qui voulaient le quitter aussi : Gardons-nous de fuir devant l'ennemi. Si notre heure est venue, mourons courageusement pour nos frères, et ne souillons pas notre gloire. Puis, marchant à la tête de ce petit nombre de fidèles, il se couvrit de lauriers, et périt enseveli dans son triomphe.

Brave soldat du ciel, âme véritablement généreuse, puisqu'au plus fort du désespoir, quand tout lui défaut, sa persévérance ne lui manque point, et que seul il se fait une puissante armée de son inébranlable vertu, et de ses pensées magnanimes ! Mais si ces exemples héroïques, ces traits d'intrépide valeur vous étonnent et vous désespèrent dans votre faiblesse et votre impuissance, écoutez maintenant l'histoire d'une humble fille qui a montré encore plus de force et de grandeur d'âme que Judas Machabée. Car Judas n'a attaqué que des hommes et a été vaincu malgré sa vaillance immortelle ; mais cette pauvre vierge, luttant contre tous les maux de la terre et tous les démons de l'enfer, a remporté une victoire qui n'aura peut-être jamais sa pareille au monde.

CHAPITRE XVII

Admirable histoire de sainte Angèle de Foligno.

C'est une extrême consolation, dans les désolations extrêmes, que de voir ce que

Dieu a fait pour les âmes le plus chèrement aimées de sa divine Majesté ; les
forces merveilleuses qu'il a tirées de leur
faiblesse, sa fidélité à ne les point surcharger, les pensées qu'il leur donne au sein
de ces grandes épreuves ; et, enfin, les vic-
toires qu'il leur fait remporter sur tous
leurs ennemis. Voici ce que la bienheureuse Angèle de Foligno a écrit d'elle-
même sur ce point par l'inspiration
divine :

Notre-Seigneur, dit-elle, m'avait fait
cette grâce, que mon cœur était toujours
dans le sien, et ma volonté comme encla-
vée et enchâssée dans la sienne. D'ailleurs,
je suis de corps et d'âme tourmentée de
peines insupportables, car les démons
ayant eu mainlevée du Seigneur me font
souffrir le pis qu'ils peuvent. Mais les souffrances corporelles ne sont rien en comparaison de mes peines intérieures. Il me

semble que toutes les puissances de mon âme sont renversées et interdites : quelquefois la colère me transporte si fort, que je ne sais ce que je fais ; quelquefois je pleure si abondamment, qu'il m'est impossible d'arrêter mes larmes. Je sens que je ne puis résister presqu'à rien, tant je suis impuissante. Il me paraît que toutes mes vertus sont mortes, que je ne puis m'aider d'aucune, et que tous mes mauvais penchants, plus vifs et plus forts que jamais, tyrannisent cruellement mon cœur. Mon esprit est tout rempli de crimes auxquels je ne pensai jamais. Je me trouve dans une confusion si grande et dans une déréliction si excessive, que je souhaite la mort, et j'aimerais mieux certainement être brûlée toute vive, que de souffrir ces peines inénarrables. Mon mal atteint de telles extrémités, que j'ai souvent dit à Dieu : Mon Seigneur, je vois bien manifes-

tement que vous m'avez abandonnée, et
que vous voulez me perdre ; eh bien, puisque cela vous plaît, et que je le mérite,
j'en suis contente ; mais faites-moi encore
une grâce, et puis je ne vous demanderai
plus rien ; la voici : Puisque vous voulez
me damner, au moins que ce soit au plus
tôt ; car la crainte, le délai, l'attente, me
sont un enfer pire que tous les enfers !

Aussitôt il me semblait que l'on m'ou-
vrait les yeux ; je vis clairement que tout
cela venait du malin esprit ; qu'en toutes
choses l'âme ne fait que souffrir, et n'offense pas Dieu, mais mérite beaucoup au
contraire.

A l'heure même donc, reprenant mes
esprits, je disais : O mon doux Sauveur,
puisque vous avez tant souffert pour moi,
chétive créature, hélas ! si mes maux ne
sont pas assez grands, je suis bien aise
qu'il vous plaise de les redoubler, et de

les perpétuer jusqu'à la fin du monde, voire même durant toute l'éternité.

J'ai été plus de deux ans dans cette agonie, et je vous assure que Dieu donne une telle force dans ces impuissances, que tout l'univers, ce me semble, ne me ferait pas faire le moindre péché véniel de propos délibéré. Mon plus grand tourment n'est point de me voir réprouvée, accablée de désolations, jetée dans ces ténébreux désespoirs où Dieu ne laisse plus percer un seul rayon de sa lumière, mais de savoir que je l'ai offensé par mes péchés. Oh ! que cela m'est sensible ! A peine pensè-je à ma perte éternelle, tant mon esprit est absorbé dans cette pensée torturante de mes péchés ! Ma raison me dit que tous les biens que j'ai reçus du Seigneur contribueront à ma perte, puisque je n'en ai pas profité ; que mes vertus elles-mêmes me rendent moins excusable ; qu'à la vé-

rité plusieurs personnes me tiennnent
pour une sainte ; mais qu'en réalité je
suis semblable à ces idoles de bois creux
qui étaient remplies de démons ; aussi
me semble-t-il que je suis la plus grande
trompeuse qui existe sous le soleil.

Je me trouve dans de telles agonies
intérieures, qu'alors même que tous les
saints descendraient du paradis pour me
consoler, ils n'y réussiraient pas, mon
cœur étant fermé à toute consolation.
Oui, je le proteste, quand j'aurais à supporter tous les maux du monde et toutes
les maladies du genre humain, je m'esti-
merais trop heureuse de pouvoir à ce prix
être délivrée de l'horrible abandonnement
qui torture mon âme.

Cette tempête donc dura plus de deux
ans ; mais elle m'apprit ces belles et importantes vérités, à savoir : que l'âme s'é-
pure puissamment parmi ces détresses ;

qu'elle s'y défie entièrement de ses forces, et ne se confie qu'en Dieu seul et s'appuie si fortement sur lui, que rien ne peut l'en séparer. J'appris que l'unique moyen de s'élever sur les hauteurs de la perfection, c'est d'être abattu jusqu'au plus profond des abîmes ; que plus l'âme est accablée de ces peines qui semblent surmonter toutes ses résistances, plus elle s'avance vers Dieu et devient plus parfaite et plus sublime.

En outre, ces furieuses bourrasques furent suivies de dix précieuses faveurs, dont la moindre était capable de consoler toutes ces peines. La première fut l'intelligence de cette vérité : Dieu est un bien infini et une réunion de tous les biens ensemble. La seconde le sens de celle-ci : Dieu est une beauté infinie, digne d'un amour infini. La troisième, qu'il y a une puissance qui est toute-puissante ; la quatrième, que Dieu est l'infinie sagesse, et qu'il ne permet rien ici-bas que par cette sagesse infinie ; mais que notre esprit est si borné, que nous ne comprenons pas ses desseins ineffables. La cinquième, que Dieu est une souveraine justice ; la sixième, que Dieu est un amour infini ; la septième fut une élévation de l'âme dans laquelle il me fut révélé quelque chose de l'adorable Trinité ; la huitième, ce que veut dire : présence de Dieu dans l'âme ; la neuvième, la claire vision que les tourments de ce monde, quelque grands qu'ils puissent être, ne sont rien en comparaison de l'inexprimable grandeur du paradis ; la dixième, que la sainte Mère de Dieu m'avait obtenu la grâce de n'être jamais trompée dans les visions et révélations.

Quiconque, me dit le Seigneur, veut devenir un saint du ciel, ne doit jamais oublier la croix, mais avoir toujours les yeux attachés sur cet objet divin.

Cette bienheureuse femme, au milieu de tant d'épreuves divines, vécut saintement, et je ne sais ce qui fut le plus profitable à son âme, ou des ténébres épaisses qui l'environnaient parfois, ou des lumières éclatantes qui lui donnaient par avance une douce vision du ciel. Je pense plutôt que ce fut l'heureux mélange de ces nuits profondes et de ces clartés ravissantes, qui forma l'heureux cours de son éminente vie, tout comme ici-bas, les ténèbres et la lumière forment la suite des jours de ce monde visible.

Seigneur du ciel et la terre, que vos desseins sont différents de ceux des hommes, et que vos pensées sont éloignées de nos pensées !

CHAPITRE XVIII

Puissantes consolations que nous offre le Nouveau Testament.

Voulez-vous, en courant, cueillir dans le paradis terrestre du Nouveau Testament quelque belle fleur qui vous réjouisse l'âme ; je veux dire quelque bonne parole qui vous console dans la tristesse de vos délaissements. Prenez d'abord ce mot courageux de saint Pierre : quand il me faudrait mourir avec vous, dit-il à Notre-Seigneur, je ne vous abandonnerais jamais. (*Matt.*, xxvi.) Et cette belle résolution de saint Thomas : Allons, dit-il, et mourons avec lui ! (*Joan.*, ii.) En effet, que saurions-nous faire de mieux que de mourir dans le sein de la vie ! Ou bien cette affectueuse prière des disciples d'Emmaüs : Seigneur, demeurez avec

15.

nous, car il se fait tard ! (*Luc.*, xxiv.) Hélas ! oui, la nuit viendra aussitôt que vous nous aurez quittés ! Faisons donc comme les disciples, forçons-le pour ainsi dire, contraignons-le à entrer malgré lui ; offrons-lui le repas du soir, le repos de la nuit ; faisons-en l'hôte aimé de notre demeure.

Recueillez ce doux reproche de Jésus-Christ lui-même, lorsque ses apôtres épouvantés le réveillaient sur la barque ballottée par les flots en courroux : hommes de peu de foi, pourquoi avez-vous douté ? (*Matt.*, xiv.) Pourquoi doutez-vous de ma puissance, de ma fidélité, de ma providence, de ma miséricorde ?

Recueillez aussi cette supplication du pauvre : Je crois, Seigneur ; mais aidez mon peu de foi. (*Luc.*, xvii.) Et cet élan d'amour de saint Pierre : A qui irions-nous, Seigneur, vous avez les paroles de la vie éternelle ? (*Joan.*, vi.) Et cet humble

sentiment d'espérance du larron pénitent : Seigneur, souvenez-vous de moi
quand vous serez dans votre royaume !
(*Luc.*, XXIII.) Vous entendrez cette réponse
du débonnaire Sauveur : En vérité, en vérité, je vous le dis, vous serez aujourd'hui
avec moi dans le paradis.

Dites hardiment à vos frayeurs ce que
Jésus dit à saint Pierre : Le calice que
mon Père me donne, ne le boirai-je
point ? (*Joan.*, XVIII.)

Suppliez Dieu en lui disant : L'esprit est
prompt, mais la chair est faible ; ayez pitié
de moi ! (*Matt.*, XXVI.)

Répétez après saint Paul : Seigneur,
que voulez-vous que je fasse ? (*Act.*, VIII.)
Ou mieux encore : Certainement ni la
mort, ni la vie, ni les anges, ni les puissances, ni le feu, ni le glaive ; rien ne
pourra me séparer de la charité de Dieu,
en Notre-Seigneur Jésus-Christ. (*Rom.*, III.)

Consolez-vous encore avec cette fleur d'espérance : Si vous pouvez croire, tout est possible à celui qui croit. (*Marc.*, IX.) Croyez, et vous serez tout-puissants. Et avec cette autre : Que veux-tu que je fasse pour toi ? (*Marc.*, X.) Saint Bernard est extasié quand il médite ces amoureuses paroles.

Aspirez maintenant cet autre parfum de suavité divine : J'ai pitié de ce peuple, parce qu'il y a trois jours qu'il est avec moi, et il n'a rien à manger. (*Marc.*, VIII.)

Quelles douces expressions : Non, je ne les laisserai pas retourner à jeun, de peur qu'ils tombent en défaillance dans le chemin !

Quand vous seriez sans aucun espoir humain, abandonné de tout le monde, agonisant de langueur, mort et plus que mort, enseveli dans le linceul de vos douleurs, il faudrait revenir à la vie en écoutant cette supplication de Notre-Seigneur à son Père : Mon Père, je désire que là où je suis, ceux que vous m'avez donnés y soient aussi avec moi, afin qu'ils contemplent la gloire que vous m'avez donnée, parce que vous m'avez aimé avant la création du monde. (*Joan.*, XVII.)

Et comme si ce n'était pas assez d'amour, le tendre Sauveur ajoute : Mon Père, comme vous êtes en moi et moi en vous, qu'ils soient consommés dans l'unité.

Allez-vous maintenant vous désespérer ayant entendu les ravissantes pensées formulées par ces lèvres divines ? « Pendant que j'étais dans le monde, dit encore ce Dieu de bonté, j'ai gardé, ô mon Père, tous ceux que vous m'avez donnés, et aucun d'eux ne s'est perdu, si ce n'est l'enfant de perdition, parce qu'il a voulu périr. Maintenant, ô Père saint, conservez ceux que vous m'avez donnés, puisque je quitte le monde et que je retourne à vous. Je ne vous demande rien pour eux, sinon qu'ils soient un avec nous, comme vous et moi nous sommes un.

Je ne sais comment nos cœurs ne se brisent pas d'amour quand ils entendent de telles choses !

O unique amour de mon âme, que vous avons-nous donc fait pour que vous nous aimiez si puissamment? hélas ! malheureux que nous sommes, comment est-il possible que nous doutions un moment de vos tendresses, et que nous craignions d'être oubliés de vous ?

Pardon, ô doux Jésus, pardon de cette indigne défiance ! de ces soupçons outrageants ! Ah ! Seigneur, puisque je suis votre créature, votre enfant, puis-je craindre de me perdre ? L'heureux perdu que celui qui est toujours abrité dans votre sein, et comme saint Paul, anathème de

Jésus, pour Jésus, et dans le cœur de Jésus même !

Ne semble-t-il pas que ce divin bienfaiteur, qui s'est donné lui-même, dit tendrement à son Père céleste pour nous : Que puis-je avoir dont mon amour ne leur ait fait part, tant je désire qu'ils soient avec nous durant tous les siècles !

Que vous faut-il de plus, homme faible dans la foi? Jésus-Christ veut vous incorporer avec lui, vous identifier avec lui, unir intimement son cœur sacré au vôtre : sera-ce pour vous jeter ensuite aux flammes dévorantes de l'enfer? S'il avait envie de nous damner, nous ferait-il passer par son cœur et par ses entrailles? Pensez-vous que par l'ouverture de son côté ouvert où il nous fait entrer, il songe à nous faire aboutir dans l'abîme d'un abandonnement éternel?

Quelle est cette âme pusillanime qui se

croit perdue parce qu'elle traverse l'océan des désolations ; qu'elle n'aperçoit plus l'azur du ciel, et qu'il lui semble qu'il n'y ait plus de Dieu pour elle en ce monde? Cœur infortuné et sans courage ! Ingrat ! qui oublies les bontés sans nombre d'un maître qui prend un si grand soin de toi, qu'à l'heure même qu'il paraît te délaisser et t'abandonner entièrement, il redouble au contraire son assistance, et multiplie ses grâces au fond de ton âme ! Entends, entends la voix aimante de ce généreux Rédempteur : Parce que je vous ai dit qu'il faut que je m'en aille, vous êtes tombés dans la tristesse; cependant il vous est utile que j'agisse de la sorte ; car si je ne m'éloigne pas, le Consolateur ne viendra point à vous; mais si je m'en vais, je vous l'enverrai. Esprit de vérité, il vous enseignera toute chose. D'ailleurs encore un peu de temps et vous me verrez de nouveau, et votre cœur sera rempli de joie !

On dit que les os cassés deviennent plus forts à l'endroit de la soudure que dans tout le reste du corps, parce que la nature porte particulièrement la nourriture, là, où la rupture s'est faite : de sorte qu'il arrive qu'en cet accident, on a souvent plutôt gagné que perdu. Ainsi lorsque le cœur est comme brisé et mis en pièces par la désolation, il semble qu'il est incapable de mouvement, et seulement susceptible d'une horrible souffrance, mais dans ce temps même, le Saint-Esprit nourrit, raffermit et fortifie l'âme de telle manière, qu'elle est ensuite bien plus puissante quand il s'agit de faire et de soutenir de grands travaux. On ne saurait rien dire de meilleur que ce mot de saint Paul : Quand je suis faible, c'est alors que je suis fort; et quand on rompt bras et jambes à toutes mes vertus, pourrons-nous dire, c'est alors qu'elles sont plus solides, plus pures et plus vigoureuses.

Agar, voyant son fils Ismaël prêt à mourir de soif, se retira sous un arbre pour n'être pas témoin de ce douloureux spectacle. Mais un ange du ciel, envoyé pour la consoler, lui montra une fontaine dont l'eau salutaire rendit la vie au jeune enfant. Dieu avait entendu les cris de cette faible créature, il s'était ému de ses larmes, et promit à la pauvre fugitive qu'il aurait soin de son fils, et le rendrait père d'un grand peuple.

Représentez-vous un pareil secours dans le désert de la désolation : les anges y viennent ; Dieu daigne lui-même y descendre ; l'abondance des eaux de la grâce y rend la vie à l'âme abandonnée ; mais il faut se donner un peu de patience.

Je l'ai déjà dit ; je veux le redire encore

quiconque nous touche, blesse Dieu à la prunelle de son œil, comme si nos cœurs étaient enchâssés dans le cristal de ses yeux divins. Puisqu'il l'a dit, c'est vrai ; si c'est vrai, comment donc oubliera-t-il ses yeux, la lumière de ses prunelles, les choses qu'il aime le plus ? — Oui, mais cependant il nous abandonne, et nous livre au combat d'un million de pensées désolantes.

Il faut bien convenir qu'il y a là quelque grand mystère, et je me trompe, ou le voici : Notre-Seigneur le dévoile lui-même : Mon Père, je retourne à vous ; je laisse mes disciples ; et tout ceci se fait afin que la plénitude de ma joie soit accomplie en eux. Or, quelle est la joie de Jésus-Christ notre maître ? C'est de trouver, dans la désolation de la croix, la consolation du paradis ; dans l'agonie de l'abandonnement, la vie bienheureuse du ciel ; et dans le total délaissement de toutes les créatures, l'assistance de toute la céleste cour : voilà les biens que procurent ces extrêmes désolations, où se manifestent une obéissance parfaite et une conformité sublime à la sainte volonté de Dieu.

CHAPITRE XIX

Il n'est guère de moyen plus puissant pour attirer Dieu dans son cœur que la désolation.

Je m'emporterais trop loin, je le sens, et ce discours irait à l'infini ; c'est pourquoi, laissons tout ce qu'ont dit d'admirable en ce sujet, saint Paul, saint Pierre, saint Jean, et les docteurs de la sainte Église, puisque vous pouvez recueillir vous-même leurs pieuses sentences, et en faire votre profit. Contentons-nous de commenter ces mots du grand apôtre : quand je suis faible, c'est alors que je suis fort; car la vertu se perfectionne dans l'infirmité. Dieu me garde donc de me glorifier en autre chose que dans la croix de Jésus-Christ !

Que prétend ce docteur des nations quand il dit : La vertu se perfectionne dans l'infirmité ?

La vertu de qui ? de Dieu, de l'homme, ou de tous les deux ensemble ?

Le Seigneur me fasse la grâce de bien éclaircir ce point très-profond et très-important.

Dieu ayant engagé sa parole, et fait le serment solennel d'être avec celui qui est dans l'affliction, plus cette affliction est grande, plus Dieu s'y rencontre nécessairement. Or, dans toutes les afflictions de ce monde, comme il n'y en a pas une plus nsupportable que l'abandonnement, on peut dire qu'une des plus éminentes faveurs que Dieu fasse à ses plus chers amis, c'est de les placer dans une situation où tout leur défaille, afin que par une douce violence que sa divine charité se fait à elle-même, il soit obligé de donner plus de grâces et d'assistance, là où il y a plus de nécessités. Expliquons encore ceci ; car de là on peut tirer la plus solide consolation qu'on puisse espérer en ce monde pour alléger le martyre de la désolation.

Les philosophes assurent qu'il est impossible qu'il y ait du vide dans l'univers, tellement, disent-ils, que, si Dieu avait anéanti les éléments, le feu, l'air, l'eau et une partie de la terre, il faudrait que le ciel tombât pour remplir ce vide, ou que la terre s'élançât contre le ciel pour en être remplie ; ou enfin que Dieu comblât le vide par de nouveaux corps, parce que la nature ne saurait souffrir cette vacuité.

Il me plaît d'adopter cette opinion des philosophes ; car elle explique très-bien ma pensée fondée sur saint Paul.

Le plus puissant moyen qui existe en ce monde de faire fondre dans notre cœur tout le ciel, les anges et Dieu même, c'est d'anéantir tout ce qui est entre le ciel et nous, et de faire là un grand vide. Car si notre âme n'était occupée par aucune créature, ni de la terre ni du ciel ; ni des consolations ni des joies humaines ou célestes ; ni du discours de l'intelligence ni de l'exercice des autres facultés morales, à l'heure même, se trouvant en cette extrême défaillance et désolation, où elle s'en irait droit à Dieu pour être remplie de lui, ou Dieu descendrait à elle, pour la combler entièrement.

Et voilà le vrai stratagème de l'amour de Dieu qui ôte tout à une âme désolée et abandonnée, pour avoir plus de sujets de l'enrichir des biens de sa grâce. C'est bien ce qu'avait compris saint Paul quand il dit : Là où je suis faible, c'est là que je suis fort ; c'est pourquoi je ne veux me glorifier qu'en mes faiblesses.

Un empereur romain couvrait les blessures de ses plus chers guerriers avec de grandes plaques d'or : plus un homme était couvert de blessures, plus il devenait riche et puissant. L'empereur Théodore prenait plaisir à lancer des dards d'or et d'argent à ses favoris ; celui qui était le plus atteint par ce précieux orage, était l'homme le plus aimé du prince et le plus comblé de ses libéralités.

Mettez-moi, dit Dieu dans la sainte Écriture, comme un cachet sur votre cœur, de sorte que ce cachet apposé, plus rien ne peut pénétrer dans l'âme. Il n'appartient qu'à Jésus, seul souverain pontife, d'entrer dans ce *sancta sanctorum* qui est fermé à tout le monde ; où il n'y a d'ailleurs, ni ouvertures, ni fenêtres, ni jour quelconque d'aucun côté. Le Seigneur fait là, comme autrefois dans le temple à l'égard des profanateurs, il en chasse toute la foule ; ou comme dans le désert qu'il habita seul durant son jeûne sacré.

Mais cela, est-ce une faveur ou une disgrâce ? une consolation ou une affliction ? un abandonnement redoutable, ou une visite royale de ce Dieu plein d'amour ?

Si l'on pouvait obliger le Seigneur à faire quelque chose, comme l'y contraignit autrefois l'heureux Moïse, il faudrait le forcer pour ainsi dire, à nous jeter dans la désolation ; car où la nature ne peut parvenir, Dieu arrive, obligé qu'il est de pourvoir lui-même à ce qui manque d'ailleurs. Ainsi, quand le cœur d'un enfant est organisé, la nature ne pouvant y créer une âme, Dieu la crée lui même ; l'enchâsse comme de ses saintes mains dans ce frêle petit corps ; et il n'y manque jamais. De même, quand l'âme d'une personne qui désire servir Dieu se trouve dans la déréliction et sans aucun secours, c'est alors que le Seigneur y pourvoit, et vient lui-même remplir ces vides. Heureux ! ô trois fois heureux, le malheur qui est la cause d'une félicité si grande !

Nous étions perdus, disait quelqu'un, si nous n'avions été perdus, disons aussi : Hélas ! que nous aurions été misérables, si nous n'eussions été si misérables !

Un des maîtres de Rome fit un jour décapiter tous les dieux, et fit placer sa tête impériale sur ces troncs privés de leurs chefs. Lui seul voulut être les dieux tous ensemble. Ainsi Dieu décapite les idoles que nous adorons secrètement ; il ôte du temple de nos cœurs toutes leurs vaines consolations humaines, et même les spiri-

tuelles qui se sacrifient souvent à l'amour-
propre, à la sensualité, au lieu de s'immoler au Seigneur. Ayant donc, par une
grande miséricorde, enlevé cette multitude
de fausses vertus et de satisfactions natu-
relles et immortifiées, il se substitue à tout
cela, et paraît à la tête de nos pensées, de
nos sentiments, de nos desseins, de sorte
qu'il n'y a rien de si pur que nos âmes ;
or, c'est là ce qu'il prétend. D'un peu
d'eau moisie et fétide, qui était le reste du
feu sacré, caché jadis durant la captivité,
on forma un feu éclatant et pur qu'allumè-
rent les rayons du soleil, et qui consu-
mait même les pierres. De même des eaux
corrompues de nos pauvres vertus, et de
ce feu dégénéré de l'amour divin qui se
change en eau moisie de nos propres contentements, Notre-Seigneur forme aux
rayons de sa charité une nouvelle flamme
brillant d'une incomparable pureté.

Sainte Catherine de Gênes se trouvant quelquefois en de telles extrémités, qu'il semblait qu'elle n'avait plus ni bouche ni cœur, ni paroles ni sentiments, disait néanmoins : Combien je suis heureuse d'être dans un état si déplorable et si déploré ! O mon doux amour, si vous êtes glorifié en jetant mon âme dans un si profond abîme de douleur, que je dois en être satisfaite, et que cette désolation m'est savoureuse ! Oui, Seigneur Jésus, si ces souffrances inexprimables vous donnent le moindre contentement, laissez-moi éternellement plongée dans leurs flots amers ; éternellement ! éternellement !...

Et des larmes abondantes tombant des yeux de cette généreuse servante de Jésus-Christ, lui rafraîchissaient et consolaient l'âme.

Nous trouvons le même héroïsme dans la séraphique Thérèse : l'excès de faiblesse

où j'étais arrivée, raconte-t-elle, ne se
peut dépeindre. Je n'avais plus que les os ;
je restai trois ans percluse, et n'avais
d'autre soulagement que la conformité
à la volonté divine. Je ne craignais rien
tant que de perdre patience. Souvent
mes tourments intérieurs sont si grands
que je ne puis rien faire que quelques
actes d'amour et de résignation ; encore
y a-t-il des moments où il ne me reste
que la force de demander le support humble et soumis de mes douleurs, et celle de
dire que je serais contente de souffrir ce
que j'endure presqu'à la fin du monde, si
tel était le bon plaisir de Dieu. Rien cependant n'est comparable à l'agonie que ressent parfois mon âme, avec une presse,
un étouffement, une affliction si pleine de
désespoir, que tout cela est impossible
à exprimer.

Enfin, pour compléter ces beaux exemples, laissez-moi vous présenter un parfait miroir, dans lequel vous pourrez contempler la pratique admirable de tout ce que je vous ai dit. On fait à Venise des glaces si merveilleuses que, pour réjouir les malades, on les leur met sous les yeux ; et là ils voient une foule d'objets intéressants : des jardins émaillés de fleurs, des cieux resplendissants d'étoiles, des flottes voguant sur des océans pleins d'orages, des phénix, des phénomènes, des prodiges de toute espèce. On leur demande ce qu'ils peuvent souhaiter de considérer ; et, quels que soient leurs désirs, ils trouvent dans ces miroirs enchantés comme un abrégé de toutes les beautés de la nature. Eh bien, la sainte dont je vais vous raconter l'histoire est semblable à ces glaces merveilleuses ; son âme refléta véritablement tous les mérites et toutes les vertus.

CHAPITRE XX

Histoire de sainte Lidwine vierge hollandaise.

Cette humble vierge naquit à Schiedan, village de Hollande, de parents pauvres, mais gens de bien et craignant Dieu. Je ne vous dirai rien du reste de sa vie ni de ses miracles, ce n'est pas là mon dessein. Je désire seulement vous faire mirer dans cette âme suréminemment patiente, et vous y faire contempler tous les traits de la complète déréliction et du parfait abandonnement.

Lidwine n'était donc qu'une simple fille de village, fort peu instruite et indigente de tous les biens de la vie. Que peut-on généralement attendre d'une si chétive créature? Cependant rougissez, vous qui êtes un homme riche et savant, ou bien vous, qui êtes une dame noble et opulente, environnée de secours, de conseils et de délices ; car vous avez si peu de fidélité et de courage que le moindre mal vous accable, et qu'aussitôt vous criez alarme, comme si tout était perdu.

Cette pauvre petite paysanne donc, tombant un jour sur le verglas, se brisa une côte, et cet accident fut l'occasion de tous ses bienheureux malheurs. Comme elle était si indigente, elle ne fut ni pansée ni soignée ; on l'abandonna au hasard, la laissant guérir si elle pouvait, ou avoir patience si elle voulait. Vraiment nous avons bien autre chose à faire que de mettre là le peu d'argent que nous gagnons ! disaient ses parents ; puisqu'elle s'est blessée de la sorte, sotte qu'elle est, cela lui apprendra à devenir plus adroite une autre fois. Et avec cette indigne dureté, l'innocente enfant fut privée de tout secours humain, et livrée à des douleurs intolérables.

Ne vous étonnez pas encore; toutes ces afflictions ne sont que roses et violettes en comparaison de celles qui les suivront.

Cette rupture, attirant le sang, fit naître un abcès qui causa à la patiente les plus cruelles piqûres et les souffrances les plus aiguës. Néanmoins elle n'osait s'en plaindre, dans la crainte que ses parents ne lui adressassent des paroles plus aigres et des reproches plus sanglants. Elle était donc là, gisant sur la paille comme un pauvre agneau. Or, combien la douleur captive, renfermée dans le cœur, et qui ne peut s'évaporer un peu ni par un soupir ni par une plainte, devient-elle insupportable !

Cependant, ne vous hâtez point, lecteur, mon ami, d'admirer la silencieuse douceur de cette victime; ces tourments ne sont que les légers préparatifs des maux qui doivent bientôt venir, en effet, l'humeur maligne de la plaie se répandit sur tout le corps, et Lidwine devint percluse de tous ses membres; elle n'avait plus de libre que le bras gauche, et restait jour et nuit sans mouvement, étendue sur sa malsaine et humide couche.

Dans cette impuissance complète de s'aider elle-même, aucun auxiliaire, aucune consolation !

Le mal terrible, nommé feu de saint Antoine, ajouta encore son supplice aux tortures de la pauvre affligée, et lui rongea le bras droit jusqu'aux os. Ce bras paralysé semblait n'avoir repris la vie que pour endurer ce martyre.

Ainsi clouée sur son grabat comme sur une croix impitoyable, si par hasard quelqu'un venait par miséricorde la remuer, son corps décharné se déchirait, attaché qu'il était au linge rude et grossier couvrant la paille entassée sous lui.

O vous qui lisez ce récit, quand vous sentez une piqûre d'épingle, si elle persiste, vous jetez les hauts cris ! et voici une jeune fille qui s'en va comme par lambeaux, et à laquelle la charité même fait endurer de nouvelles souffrances ! que devait donc lui faire ressentir la cruauté ?

Livrée, ce semble, comme autrefois le saint homme Job, à la malice de Satan, pour qu'il exerçât sur sa personne toute sa rage, Lidwine fut bientôt couverte d'ulcères remplis de vers qui la mangeaient, pour ainsi dire toute vivante !

Notre délicatesse se soulève à ce spectacle ! Et cependant les misère et les tourments de cette suppliciée devaient atteindre bien d'autres mesures ! sa tête, qu'avait respectée la paralysie, était en proie à des névralgies si violentes, qu'il lui semblait qu'on lui enfonçait des clous jusque dans le cerveau. Son front était entr'ouvert par une plaie béante ; son menton fendu jusqu'aux lèvres, et le sang qui s'échappait de ses étranges blessures, se coagulant sur sa bouche, ne lui permettait ni de parler ni de prendre un peu de nourriture.

La violence de ces maux lui avait fait perdre un œil, et l'autre, chargé d'une continuelle effusion de sang et de malignes humeurs s'ouvrant à peine, né pouvait d'ailleurs soutenir la clarté du jour.

Cher ami lecteur, que dit votre cœur de tous ces martyres ? Mais ne voudriez-vous pas savoir plutôt ce que le cœur de Lidwine lui disait, à elle-même, au milieu de tous ces tourments ? vous le saurez un peu plus tard. Au préalable, il faut encore que vous appreniez d'autres choses.

Un mal, plus affreux encore que ceux

dont nous avons parlé, s'ajouta aux maux si grands de cette infortunée. Ce furent des rages de dents qui menaçaient de la rendre folle. On sait quelle est la puissance de ces douleurs sur lesquelles ni la raison ni la vertu ne semblent avoir aucun empire tant qu'il tyrannise ceux qui sont livrés à son excès. Je ne sais si Job fut exempt de cette torture : l'Écriture sainte ne nous le dit pas formellement; mais, s'il en fut atteint, ce fut certainement une des poignantes douleurs qui lui eussent fait perdre patience e courage, s'il eût été un seul moment abandonné du secours divin. Or si ce seul mal eût pu avoir tant d'influence sur Job, en qui la patience semblait incarnée, figurez-vous ce qu'il devait opérer sur l'organisation d'une faible femme, épuisée d'ailleurs par tant d'autres tourments ! Croirait-on qu'une pauvre fille eût pu supporter tant de calamités ensemble, si des témoignages authentiques n'en faisaient foi ?

Une esquinancie permanente qui étranglait Lidwine, et la laissait à peine respirer, de brûlantes fièvres qui lui remplissaient l'esprit de ténèbres et l'imagination d'effrayants fantômes, une hydropisie des plus fatigantes, des coliques néphrétiques, et, pour ajouter à ce purgatoire anticipé, des médicaments, qu'on se décida à lui donner, et qui redoublaient ses douleurs : tel était en abrégé l'état déplorable dans lequel elle passa de longues années, dont chacune pouvait réprésenter plusieurs siècles (1).

Doux Jésus, souffriez-vous que tant de cruauté assaillissent votre chère épouse?

Au sein de ces étranges épreuves, Lidwine continuait d'être en butte à l'égoïsme barbare de ses parents ; les reproches, les

(1) On trouve à la Librairie catholique de RÉGIS RUFFET et Cⁱᵉ, *La Vie complète de sainte Lidwine.* 1 volume in-12, 1 fr.

mépris, les injures pleuvaient sur elle, et changeaient ses yeux presque éteints en deux ruisseaux de larmes. Enfin, dans son avare insensibilité, la famille de cette pauvre martyre l'abondonna entièrement, et, dans ses infirmités incurables, elle fut réduite à la mendicité.

Je vous permets maintenant d'admirer cette fille du paradis, il en est temps. Job ne fut que sept années dans la rigueur de ses misères ; mais cette femme, vraiment forte, passa trente-huit ans dans ce feu destructeur ! Le cœur a failli me manquer en disant ce nombre : trente-huit ans !

Étaient-ce là néanmoins toutes les croix de Lidwine ? Tandis que les douceurs du paradis réjouissent nos âmes, que Dieu nous console dans nos afflictions, quelque grandes qu'elles soient, l'abondance des suavités célestes fait que l'esprit ne ressent point, pour ainsi dire, les supplices du corps. Dans son vol sublime vers le ciel, l'âme domine les torturantes douleurs de la chair infirme et défaillante qui lui sert d'enveloppe. Mais quand le Seigneur se retire, et laisse la nature ressentir dans leur violence les maux dont elle est bourrelée, ah! c'est alors l'heure de la suprême désolation !

Voici donc le martyre des martyres que subit sainte Lidwine ; car elle reste quatre ans entiers comme délaissée complétement de Dieu; de sorte que non-seulement elle sentait ses crucifiements dans toute leur intensité, mais qu'elle semblait porter son mal avec une impatience et une inquiétude qui paraissaient aller jusqu'au désespoir. Notre-Seigneur semblait l'avoir tout à fait oubliée, et la laissait dans la pure souffrance sans aucun secours sensible. Cependant ce cœur de diamant ne s'ébrécha jamais, ne se laissa jamais entamer à une libre irritation ni à un murmure de la volonté.

Que faisait-elle donc, me direz-vous, dans une situation si misérable ?

Avant de vous répondre, laissez-moi vous dire encore que les gens du voisinage et les habitants de la ville firent passer Lidwine par cette grande épreuve qu'on nomme la contradiction des langues. On la traitait d'hypocrite, de menteuse, de méchante et d'ensorcelée. Les uns assuraient qu'elle faisait semblant d'être malade et que tout cela n'était que feintes et sortiléges; les autres venaient l'accabler de reproches sur sa paresse et sa fausse dévotion ; et s'il est vrai qu'une des grandes afflictions de Job, ce fut d'entendre sa femme lui reprocher sa foi et sa confiance en Dieu, que ne devait pas souffrir Lidwine, en voyant tant de personnes se réunir pour l'accuser d'une piété simulée et pleine d'imposture ?

Pour combler la mesure de ces mauvais procédés, quatre hommes d'armes entrèrent un jour dans la chambrette de cette abandonnée, l'accablèrent de coups, la percèrent de leurs épées, et enlevèrent les misérables couvertures dont elle s'abritait un peu contre le froid de sa pauvre demeure.

O modèle d'une patience miraculeuse et presque unique, que dirons-nous maintenant des tentations désolantes et sans nombre dont vous tourmentèrent les démons? quelles pensées noires! quelles frayeurs épouvantables! quelle profonde mélancolie! quelles défaillances de courage! quels formidables assauts de désespoir!

Les méchants esprits qui se cachent volontiers dans ces ténèbres de l'âme, et qui cherchent à pêcher en eau trouble, employaient toutes leurs forces et toutes leurs ruses pour vous environner de frayeurs et vous faire perdre tout espoir. D'après eux, vos péchés seuls vous avaient fait tomber dans cet abîme de malheurs ; à l'avenir vous deviez souffrir bien plus encore, et enfin mourir abandonnée et désespérée. Vous n'aviez rien fait de bien dans toute votre vie ; plusieurs âmes étaient damnées pour des fautes bien moindres que les vôtres ; tout en vous était pure vanité, coupable dissimulation pour vous faire estimer des hommes et passer à leurs yeux pour une grande sainte.

Représentez-vous, cher lecteur, cette innocente brebis parmi ces loups hurlants de l'enfer, et ce cœur innocent assiégé d'une armée de pensées funestes et maudites !

Hélas ! dans un tel orage, pas une étoile ne se montrait au ciel pour guider les pas incertains de Lidwine ! Pas une lumière intérieure ne luisait aux yeux de son âme, pour l'éclairer et la rassurer.

O état mystérieux et admirable ! ô cœur invincible ! ô vierge, ou plutôt, ange du paradis ! ô prodige de tous les siècles passés, et honte de notre lâche et incrédule génération ? O Lidwine, que vois-je ?

Comme si ce n'était pas assez de tant de martyres réunis sur votre seul corps et votre seule âme, vous armez vos mains innocentes d'instruments cruels ; vous couvrez votre chair suppliciée d'un sanglant cilice !

Mais ce serait une espèce d'infidélité que de penser de vous, ô Seigneur Jésus, que vous ayez oublié votre servante. Quoi ! ce grand Dieu qui poursuit les âmes les plus perdues et les plus endurcies, quitterait-il un cœur qui ne respire que son amour, et qui ne craint que de lui déplaire ? oh ! qu'il en a garde ! Il est trop

Voici un excellent livre, d'une utilité et d'une consolation précieuses pour les directeurs des âmes, les communautés religieuses, les personnes de piété dans quelque condition que la divine Providence les ait placées.

Forcé d'en modifier les expressions suranées ou inadmissibles dans nos mœurs et notre langage actuels, et de supprimer quelques longueurs et quelques redites, on s'est appliqué néanmoins à lui conserver, le plus possible, la forme, la grâce, la naïveté délicieuse de son style, et à ne rien changer au fond des pensées et des enseignements qu'il contient.

a.

Nous espérons qu'en paraissant ainsi rajeuni, il se fera plus facilement connaître et goûter par les âmes chrétiennes, et qu'il produira un bien nouveau, juste fruit de la science et de l'expérience spirituelles de son auteur.

DÉDICACE DE L'AUTEUR

A

MADAME LA COMTESSE DE SAINT-PAUL.

Madame,

C'est vous qui êtes cause, après Dieu, de la publication de ce petit Traité; donc il est à vous, et il faut que vous le receviez comme chose vôtre, et que vous le doriez, s'il vous plaît, de la fine dorure de votre excellente charité. Pensez-vous, madame, que les grandes princesses soient exemptes des grands coups de tonnerre et des grands cris et rigoureux abandonnements? Certes, cela ne se peut dire; et il est vrai, au contraire, que souvent c'est sur les têtes couronnées et brillan-

tes de mille diamants, que tombent les plus
terribles douleurs, et ce sont elles qui ont le
plus besoin de consolations. Dieu, qui vous
aime tendrement, et chérit la pureté de votre
cœur, vous a fait bonne part de cette bénédiction, et donné des épines aussi aiguës et
des croix aussi pesantes qu'à aucune princesse qui vive sous le ciel. Et c'est, madame,
ce qui fait que je vous honore tant et si cor-
dialement; car il faut tout dire; oui, c'est ce
que je prise infiniment en vous. Oserai-je
vous dire que d'être princesse, si pleine de
bonté, admirée de la cour du ciel et de celle
de la terre, d'être si fort compatissante, de
vous voir porter votre grandeur dans les cachots pour chercher Jésus-Christ dans ses
pauvres prisonniers; de connaître les rares
exercices de votre éminente vertu, tout cela,
quoique bien admirable, ne me ravit point.
Mais ce qui est à mon jugement véritablement digne de vous, c'est de voir votre cœur
assiégé d'orages, percé des coups du ciel; as-
saillie de la mort de ceux que vous aimiez

comme la prunelle de vos yeux, accablée de toutes sortes d'accidents, et que, parmi tant de tempêtes, votre âme est restée fidèle au Seigneur.

Voilà, madame, ce qui me fait adorer l'ineffable bonté de Dieu sur vous, et admirer en vous la constante magnanimité de votre courage. Je ne veux point ouvrir vos plaies et renouveler vos douleurs ; mais ne vous ai-je pas vue assiégée de maux qui eussent fait mourir d'autres femmes ? Et cependant je suis témoin de la fermeté de votre cœur, qui n'a jamais été ébranlé, quand tout s'ébranlait autour de vous en ce monde. N'ai-je pas vu vos yeux fondre en pleurs comme ceux d'une bonne mère, et en même temps votre cœur, comme celui d'une véritable fille de Dieu, adorer les coups ineffables de la Providence amoureusement et amèrement douce? Votre vertu a étonné cette fois vos justes douleurs, et la conformité de Dieu a comme enchanté et endormi vos peines, de façon que jamais elles n'ont fait faillir votre cœur. Ah! que vous devez de reconnaissance au Seigneur, madame, et du mal et du bien qu'il vous fait tout ensemble ; et de ce que, vous désolant si cruellement, il vous console si puissamment, faisant que votre âme, comme l'alcyon, trouve le repos même au sein des tempêtes. Je ne sais si de tous les biens que Dieu vous a accordés, il en est un qui vous ait été plus profitable que les maux qu'il vous a envoyés par la main rigoureuse des accidents auxquels il vous a soumise, et qui vous surviendront encore dans ce malheureux monde. Je prie la divine bonté qu'elle vous en donne autant qu'il vous en faut pour gagner le paradis et y être une grande sainte. Car il faut résolûment gagner ce paradis, et il n'y a que cela à faire en ce monde. Or, de croire qu'une grande princesse peut vivre ici-bas sans devenir le but de mille traits, de mille adversités fâcheuses, ce serait la flatter que de le lui souhaiter. Les magnifiques cèdres du Liban ne s'élèvent vers le ciel qu'au milieu des orages ; les perles orientales ne sont jamais plus belles et plus brillantes qu'à force d'être tourmentées ; Élie ne monte dans la gloire céleste que dans un char de feu ; Moïse ne parle au Seigneur qu'au milieu des éclairs et des foudres. Et de même, les femmes les plus élevées, celles qui gouvernent le monde, sont plus exposées aux douleurs, aux grands revers de fortune, aux dépits, aux jalousies, aux amertumes, aux dédains, aux désespoirs et à mille terribles morts ! Or parmi tant de vives désolations et d'abandonnements cruels, le pauvre esprit humain est bien souvent plus que très-étonné ; mais il faut chercher le remède dans le ciel quand la terre nous manque ; que si l'abandonnement vous ferme encore le ciel, il faut trouver la joie dans l'abandonnement même ; la consolation dans le sein de la désolation, le repos dans l'orage, en dépit de l'orage même. C'est ce que je cherche à démontrer dans ce petit traité offert à Votre Grandeur. Je vous avoue ingénument que mon esprit est trop bas et a l'aile trop faible pour voler si haut ; car le point le plus élevé

ou du moins le plus pur, de la spiritua-
lité, et le plus difficile à atteindre, est la
fidélité invincible du cœur dans l'horreur et
les ténèbres épaisses des aridités et de l'abandonnement. Savoir soutenir son cœur et le
tenir dans son devoir quand toute consolation
divine et humaine l'abandonne, le livre en
proie à la tristesse, le relègue dans les déserts
des sécheresses extrêmes, c'est bien, à mon
avis, le plus haut sommet de la perfection.
Hélas ! madame, n'avez-vous point pitié de
moi, m'ayant engagé dans un si dangereux
passage ? Mais il faut obéir à Dieu et à vous :
la simplicité de mon obéissance couvrira et
dorera la simplicité de mon chétif esprit. Je
ne vous demande que deux choses : la première, que vous ne lisiez point ce livre en
courant, que vous n'en fassiez point un livre
de bibliothèque qu'on lit une fois, et qu'on
laisse ensuite se manger aux vers dans un
cabinet, et que vous ne le jugiez pas à la première fois que vous le parcourrez. La seconde
chose que je désire, c'est qu'il vous plaise de

fidèle et trop plein de douceur ! Il donna
donc deux sortes d'assistance à sa vierge
chérie, Lidwine. La première, ce fut que
durant ces quatre années d'apparent abandon, il lui octroya une âme si constante,
si dégagée de tout, si forte, si dépendante
de la volonté divine, si pleine de conformité avec le vouloir de Jésus-Christ, si
imprégnée de la vertu de la passion du
Sauveur, avec une si grande délicatesse
de conscience, une si sainte crainte de
pécher, une si parfaite résignation à la
mort ou à la vie, que réellement il con-
serva et développa toutes les vertus du
ciel dans le cœur de sa fille privilégiée.
La seconde assistance que Dieu accorda
à Lidwine, ce fut que pendant les trente-
quatre autres années de ses maladies et
peines extérieures, elle fut soutenue et
consolée par une foule de bénédictions
divines, de joies célestes, et de si douces

et délicieuses faveurs du doux Seigneur Jésus, qu'elle ne sentait pour ainsi dire pas la moitié de son mal. Aussi, il lui arriva de dire à de grands personnages qui la visitaient : Quand Dieu habite notre cœur, rien ne donne de peine au corps ; je vous avoue qu'il me semble que je ne souffre rien. Quand je contemple Jésus, mon cher époux, tout couvert de sang sur la croix, je ne sens plus mes douleurs ; et lorsqu'il arrive que ma bouche se plaint, mon cœur dément ce que disent mes lèvres. O mon doux amour, augmentez mon mal tant que vous voudrez, pourvu que vous augmentiez mon amour et mon courage ! Comparé à l'éternité, que ce que je souffre me semble peu de chose ! Que puis-je appréhender ? La justice divine ? — Elle ne punit pas deux fois. La fidélité de Dieu ? — Elle est infaillible. Il a assuré qu'il demeure auprès des affligés ; il est donc avec moi. Sa bonté? — Elle est infinie. Sa sollicitude ? — Il a un cœur de père, et des entrailles pleines de clémence et de commisération. Sa tendresse ? — Nous lui tenons d'aussi près que la prunelle de ses yeux. Sa connaissance des choses et des événements? — Il sait le nombre des cheveux de notre tête, et pas un n'en tombe sans sa permission.

Dans ces consolantes pensées, visitée par son bon ange, la sainte Vierge et Notre-Seigneur lui-même, Lidwine passa, de son incomparable martyre, aux douceurs de la mort des saints et à la gloire du paradis.

Je finirai maintenant ce discours, en priant le Seigneur qu'en tout et partout nous accomplissions ses adorables volontés, et que nous ne soyons jamais abandonnés de ses saintes grâces.

FIN.

Nous recommandons aux pieux lecteurs de ce livre, la collection ci-dessous que l'on trouve à la même Librairie :

COLLECTION DE LECTURES ASCÉTIQUES

FORMANT 21 VOLUMES IN-12 A 1 FRANC LE VOLUME

Aridités (les) **dans l'oraison,** par le P. LANCICIUS. 1 vol. in-12.   1 fr.

Art (l') **de traiter avec Dieu,** par le P. ROGACCI. 1 vol. in-12.   1 fr.

Saints (les) **Anges** considérés dans leur nature, leur ministère et leur bienveillance à notre égard. 2 vol. in-12.   2 fr.

Tableau de la théologie ascétique ou de la science des saints. 1 vol. in-12.   1 fr.

Vie de sainte Angèle de Foligno, par le frère ARMAND. 1 vol. in-12.   1 fr.

Vie du P. Balthasar Alvarez, par le P. L. DU PONT. 2 vol. in-12.   2 fr.

Vie de sainte Catherine de Bologne, par le R. P. CRASSET. 1 vol. in-12.   1 fr.

Vie de sainte Catherine de Gênes, suivie du *Traité du purgatoire.* 1 vol. in-12.   1 fr.

Vie de Colombe de Riéti, par le P. SÉBASTIEN. 1 vol. in-12.   1 fr.

Vie de sainte Françoise Romaine, suivie du *Traité de l'enfer.* 2 vol. in-12.   2 fr.

Vie de saint Joseph, suivie de prières et de méditations. 1 vol. in-12.   1 fr.

Vie de la bienheureuse Lidwine, par le P. Jean BRUCHMAN. 1 vol. in-12.   1 fr.

Vie de sainte Marie-Magdeleine de Pazzi, par le P. CEPARI. 2 vol. in-12.   2 fr.

Vie de saint Philippe de Néri, traduite des Bollandistes. 1 vol. in-12.   1 fr.

Vie de sainte Rose de Lima, par le P. Léonard HAMON. 1 vol. in-12.   1 fr.

Vie de la bienheureuse Baptiste Varani, 1 vol. in-12.   1 fr.

Vie de sainte Véronique Giugliani, par Philippe-Marie SALVATORI. 1 vol. in-12.   1 fr.

Derniers souvenirs d'un religieux, par le R P. Bouffiers. 1 vol. in-18.   75 c.

Elévation à Dieu, ou École de l'amour divin, par le T. R. P. Vincent de Carafa, général de la Compagnie de Jésus. Nouvelle édition, traduite par le R. P. Marcel Bouix, de la même Compagnie. 1 beau vol. in-18.   1 fr. 50

Doctrine (la) **spirituelle** du P. Louis Lallemant, de la Compagnie de Jesus, précédée de sa vie, par le P. Champion, jésuite. Nouvelle édition. 1 vol. in-18.   1 fr. 20

Vie de sainte Valérie, vierge et martyre à Limoges, par le T. R. P. Ambroise des frères Mineurs Capucins. 1 beau vol. in-12.   1 fr. 25

TABLE DES CHAPITRES.

FIN DE LA TABLE.

CORBEIL, TYP. ET STÉR. DE CRÉTE.